TikTok Marketing – Die 9 Tipps zum Erfolg

So eroberst Du die neue Trend-Plattform

Till D. Clay

1. Auflage

ISBN-13: 9798777804358

„Frühere Generationen haben ihr Leben den Medien angepasst – meine Generation erwartet, dass sich die Medien ihnen anpassen."

– Philipp Riederle

„Schwache Marken machen Kundenwerbung, für starke Marken machen Kunden Werbung."

– Karsten Killian

Inhaltsverzeichnis

Einleitung

TikTok ist nicht aufzuhalten. Während Facebook ein Imageproblem hat, Snapchat in Deutschland nie wirklich Fuß fassen konnte und andere Projekte wie Clubhouse irgendwie (noch) nicht so recht Fahrt aufnehmen, rollt der TikTok Zug unaufhaltsam durch Deutschland, Europa und die Welt. Kein Wunder also, dass die Marketing Expert*innen sich für diese „neue" Plattform begeistern.

Das Problem ist nur, dass viele Profis des Online Marketings noch gar nicht genau wissen, wie sie mit dieser App für das Teilen von Videos umgehen sollen, die hauptsächlich von Menschen unter 25 Jahren genutzt wird. Junge Menschen halten sich noch nicht an „typische Regeln" und TikTok ist auf verschiedenste Arten anders als die anderen Social Media Plattformen, die bisher als Marktführer*innen galten.

Für Dich haben das Rätselraten und die Übervorsicht nun definitiv ausgedient, denn in diesem Ratgeber erfährst Du alles, was Du wissen musst, um sofort Deine TikTok Marketing Strategie einzuleiten. Vieles davon gilt für jeden, der mit TikTok erfolgreich sein möchte – egal ob Influencer*in oder Unternehmer*in. Doch an der ein oder anderen Stelle wirst Du auch sehr genau erfahren, wie

Du speziell für Deine Ansprüche auf TikTok erfolgreich sein kannst.

Zunächst wirst Du ein paar Informationen über TikTok selbst erhalten – unter anderem, wie es die Plattform zu so einem riesigen Erfolg brachte und wie die aktuellen Diskussionen rund um die App manchmal Verunsicherung auslösen. Danach bekommst Du einen exklusiven Crash-Kurs im Online Marketing, damit Du auch nicht über bestimmte Begriffe oder „Regeln" der Onlinewelt stolperst. Dann steht Deinem TikTok Account nichts mehr im Wege. Schritt für Schritt erstellst Du Dein Profil, optimierst es und lernst die Funktionen der App kennen. Dazu gehört selbstverständlich auch, wie Du die TikTok Analytics zu Deinem Vorteil nutzen kannst.

Steht Dein Account, erhältst Du Hinweise für die ersten vier Wochen auf der Plattform und wie Du am besten Deine Videos planst. Der Ratgeber wird Dir alles darüber verraten, wie Du Deine Zielgruppe definierst (und gegebenenfalls überarbeitest) und dann geht es auch schon ans Eingemachte. Du bekommst 9 Tipps und Tricks rund um das TikTok Marketing, die Dir garantieren, dass Du innerhalb weniger Seiten vom Einsteiger*innenlevel zum Expert*innenstatus aufsteigst. Kompakt und direkt wird Dir vermittelt, was Du auf jeden Fall vermeiden solltest und welche Feinheiten die Durchschnittsuser von TikTok überhaupt nicht kennen oder nutzen.

Zum Abschluss gibt es noch eine praktische Checkliste, anhand derer Du Dein TikTok Projekt abarbeiten kannst. Das Einzige, was Dir nicht abgenommen werden kann, ist das Erstellen der Videos – doch keine Sorge, das macht TikTok ja aus. Dir wird kein enges Content-Korsett angelegt, Du bestimmst alleine, was zu Dir passt. Deiner Kreativität sind praktisch keine Grenzen gesetzt und es ist schön, dass Du dabei sogar die typischen Anfänger*innenfehler vermeiden kannst – viel Spaß mit Deinem TikTok Abenteuer!

Alles über TikTok

Wenn TikTok für Dich als Plattform in Frage kommt, dann solltest Du die Anwendung erst einmal kennenlernen. Für eine/n Alltagsnutzer*in reicht es vielleicht, in den App Store zu gehen, die TikTok App herunterzuladen und einfach ein wenig rumzugucken. Aber Du möchtest ja wissen, wie Du TikTok für Dich beziehungsweise Dein Unternehmen nutzen kannst. Daher führt kein Weg daran vorbei, dass Du nicht nur Marketing-Expert*in wirst, sondern vor allem auch ein/e TikTok-Expert*in.

Der weltweite Erfolg von TikTok erklärt

TikTok hat einen rasanten Aufstieg erlebt. Die ursprüngliche Veröffentlichung der App geschah 2016 - mittlerweile nutzen über 800 Millionen Menschen weltweit die App jeden Monat. Die genaue Anzahl an Nutzer*innen ist allerdings nicht ganz einfach zu ermitteln und das hängt eng mit der Geschichte von TikTok zusammen.

Was wir als TikTok kennen, war einst die Anwendung Musical.ly und ist sogar heute noch eine Anwendung namens Douyin. Aber der Reihe nach: Das Unternehmen ByteDance veröffentlichte im September 2016 eine Video-Sharing-Plattform namens A.me, die nur drei Monate später bei einem Rebranding zu Douyin wurde. Zunächst war die Anwendung ausschließlich in China verfügbar, doch der internationale Markt war das selbsterklärte Ziel von ByteDance.

2017 wurde die App unter dem Namen TikTok dann für internationale Märkte freigeschaltet, noch nicht aber für alle Länder weltweit. Douyin blieb für den chinesische Markt bestehen. Die vollständige Expansion geschah im August 2018, als ByteDance mit der ebenfalls chinesischen App Musical.ly verschmolz – das ließ sich ByteDance 1 Milliarde Dollar kosten. Im Nachhinein definitiv eine gelungene Investition, denn seitdem erlebt TikTok einen kometenhaften Aufstieg.

Während die App zunächst vor allem für musikbezogene Videos genutzt wurde – also synchron zu Musik singen oder tanzen – ist TikTok mittlerweile eine Fundgrube für alle möglichen Videoarten. Kombiniert man die Nutzer*innenzahlen von TikTok und von der Douyin App – die sehr ähnlich wie TikTok funktioniert –, gibt es über 1,2 Milliarden Nutzer*innen weltweit.

Natürlich gab und gibt es für TikTok, beziehungsweise das Unternehmen dahinter (ByteDance), auch immer wieder Stolpersteine oder Skandale. Doch bevor wir diese unter die Lupe nehmen, damit Du weißt, was mit TikTok auf Dich zukommt, solltest Du erst einmal ganz genau in Erfahrung bringen, wer sich eigentlich auf TikTok tummelt und wer somit zu Deiner potentiellen Zielgruppe gehört!

Wer nutzt TikTok?

Da TikTok zu einem chinesischen Unternehmen gehört, ist es nicht ganz so einfach, harte Zahlen über die Nutzer*innen zu erhalten. Während Facebook, Instagram oder Pinterest ein Interesse daran haben, einen Teil ihrer Zahlen und Statistiken möglichst präzise zu teilen, hüllt sich TikTok ganz gerne in einen Hauch von Mysterium. Doch ob nun aktuell 790 Millionen oder 820 Millionen User monatlich die App öffnen, ist für Dich eigentlich auch nicht wirklich relevant. Was Du wissen musst, ist: Wird TikTok wachsen und welche Zielgruppe kannst Du erreichen?

Ein besonderes Merkmal von TikTok, das auch immer wieder in den Fokus gerückt wird, ist, dass über 60 Prozent der Nutzer*innen zwischen 10 und 29 Jahren alt sind. Davon entfallen noch mal über die Hälfte der Personen auf die Gruppe „unter 20 Jahre alt". Somit sind die Nutzer*innen der App im Vergleich zu anderen Plattformen unglaublich jung. Außerdem wird TikTok von mehr Frauen (beziehungsweise Mädchen) genutzt als von Männern.

Da TikTok mittlerweile keine Randerscheinung mehr ist, kann problemlos behauptet werden, dass sich für jeden Menschen auch etwas finden lässt. Ja, es sind vor allem junge Menschen, die sich auf TikTok präsentieren und die somit auch TikTok Inhalte konsumieren. Allerdings gibt es auch Nischen für Professor*innen, Gesundheits-expert*innen oder sogar Rentner*innen.

Mittlerweile haben auch Prominente und Politiker*innen die App für sich entdeckt. Während viele Promis auf Instagram vor allem einen Einblick in ihren Alltag geben oder Fotos für Werbekooperationen teilen, können sie sich auf TikTok eher kreativ ausleben. Sie lassen sich von Trends genauso packen wie der Durchschnittsuser. Politiker*innen wollen über TikTok vor allem nahbar wirken. Den meisten gelingt das bisher aber eher nicht.

TikTok-Nutzer*innen wollen häufig Teil des Schaffens und des Konsumierens sein. Da Facebook mittlerweile für junge Menschen uninteressant ist und Instagram nicht mehr „neu" wirkt, strömen diejenigen, die gerade erst mit dem Internet bekannt werden, sofort zu TikTok. Dort erhalten sie dann eine denkbar einfache Möglichkeit, sich kreativ auszuleben. Es braucht für Privatnutzer*innen kein Social Media Konzept, keine Influencer*innenambitionen oder überhaupt eigenständige Ideen – viele machen einfach bei den Trends mit, die ihnen bei anderen Nutzer*innen aufgefallen sind.

Die Hemmschwelle (beziehungsweise die Zugangsvoraussetzung) für TikTok ist minimal. Es gibt außerdem keine verwirrenden oder komplizierten Zusatzfunktionen. Während beispielsweise Facebook in seiner Entwicklung nach und nach Gruppen, Stories, Marktplätze und Chatrooms geschaffen hat, bleibt TikTok eine Plattform zum Teilen von kurzen Videos. Das ist einfach und funktioniert. Die Kurzweiligkeit von Videos spielt perfekt in die modernen Ansprüche von Social Media Usern hinein und garantiert weiterhin, dass neue Nutzer*innen hinzukommen können, da die Nutzung denkbar einfach bleibt – sowohl für Zuschauer*innen als auch für diejenigen, die selbst Videos erstellen wollen.

Gibt es TikTok Influencer*innen?

Socia Media Plattformen bringen auch immer Influencer*innen hervor. Mittlerweile werden Anwendungen sogar mit genau diesem Ziel entwickelt, denn wo es Aushängeschilder gibt, gibt es Werbekooperationen und somit Profite zu holen. Das ist bei TikTok nicht anders.

Ende 2020 schafft es Charli D'Amelio als erste Influencerin, die 100 Millionen Follower zu knacken. Damit ist sie aktuell unangefochtene Nummer 1, doch hinter ihr lauern Influencer*innen wie Addison Rae Easterling (über 70 Millionen Follower), Zach King (über 50 Millionen Follower), Bella Poarch (über 50 Millionen Follower) und Spencer Polanco Knight (ebenfalls über 50 Millionen Follower). Auffällig ist dabei, dass der Erfolg auf TikTok zwei Seiten hat: Nur über TikTok oder als Ergänzung zu einer bestehenden Fanbase.

So gilt Charli D'Amelio hauptsächlich als TikTok-Influencerin, da sie auf keiner anderen Plattform vorher bekannt war. Zach King hatte hingegen vorher bereits eine Karriere als Videoschöpfer auf Vine und YouTube und hat mit TikTok einfach einen neuen Erfolg geschaffen. Ähnlich sieht es für Schauspieler*innen und Musiker*innen aus, die bereits Bekanntheit erreicht hatten und nun auf TikTok ebenfalls an Einfluss gewinnen.

Zu erwähnen ist dabei, dass TikTok in vielerlei Hinsicht noch in den Kinderschuhen steckt. So gab es noch in jüngerer Vergangenheit Berichte über TikTok-User mit Millionen von Aufrufen im Monat, die sich nicht als Influencer*innen gesehen haben und auch keine Einnahmen generiert haben. Außerdem steht die Plattform vor Herausforderungen, weil die junge Zielgruppe auch bedeutet, dass manch ein/e Influencer*in noch unter 18 Jahre alt ist und somit nur bedingt ohne elterliche Genehmigung werbefähig sind.

Nichts davon sollte Dich allerdings abschrecken. Die Social Media Welt ist bekannt für die rasanten Veränderungen und mittlerweile ist das TikTok Marketing kein völliges Neuland mehr – wie Du in diesem Ratgeber feststellen kannst. Die jungen Nutzer*innen, die bisher völlig unbekannten Influencer*innen und die ständige Veränderung sind für Dich eine Chance, wenn Du TikTok erobern möchtest!

Kontroversen rund um TikTok

Nun weißt Du also, dass TikTok jung, aufstrebend, kreativ und ideal für die Erschließung neuer Zielgruppen ist. Doch es wäre unfair, nicht auch einen kritischen Blick auf die App zu werfen, damit Du wirklich vollinformiert in Dein neues Projekt gehst.

Wie bereits angesprochen, ist die Transparenz auf TikTok eher schwierig. Damit ist das Unternehmen ByteDance natürlich nicht alleine, auch andere (Online-) Unternehmen versuchen gerne, möglichst viele Informationen für sich zu behalten. Da ByteDance in China ansässig ist, gibt es auch hier durchaus Probleme für Kontrollinstanzen, an wichtige Informationen zum Thema Daten- oder Jugendschutz zu gelangen.

Chinas problematische Stellung im politischen Weltgefüge führte bereits dazu, dass die indische Regierung die App sperrte. Auch in Pakistan wurde die App verboten und in Bangladesch und Indonesien gab es zumindest zeitweise eine Sperrung. Im Jahr 2020 versuchte auch die US-Regierung, ByteDance (erfolglos) zum Verkauf von TikTok zu zwingen, mit der Begründung, es bestehe ein Sicherheitsrisiko für die USA.

Außerdem muss sich TikTok mit denselben Problemen wie andere Social Media Plattformen auseinandersetzen: Verbreitung von Fake News, Jugendschutz, Verstöße gegen geltendes Recht, Hasskommentare, Mobbing, jedoch speziell für TikTok ist die Diskussion rund um das Thema Zensur.

TikTok hat in der Vergangenheit immer wieder politische Videos blockiert. Das betraf beispielsweise Videos, die sich auf politische Größen wie Vladimir Putin, Barack Obama oder Donald Trump bezogen. Auch aktuelle politische Konflikte werden teilweise als „No-Go" bezeichnet, ganz besonders, wenn es um Kritik an China oder seinen Verbündeten geht. Videos können gleich gelöscht werden oder aber nur in bestimmten Ländern nicht verfügbar sein – so werden Videos, die LGBTQ+ Personen (Lesbian, Gay, Bisexual, Transgender, Queer and Others, also Menschen, die nicht heterosexuell sind) oder Themen positiv darstellen, in Ländern blockiert, die Gesetze zur Diskriminierung dieser Gruppen durchsetzen.

Wie Du siehst, ist es nicht gerade ruhig rund um TikTok. Es wäre falsch, Dir diese Informationen vorzuenthalten, da Du wissen musst, dass diese Themen auch in Zukunft eine Rolle spielen könnten. Wenn Du Deine Marketing Strategie auf TikTok ausrichtest, willst Du selbstverständlich wissen, dass die App eine Zukunft hat.

An dieser Stelle kannst Du Dich ein wenig beruhigen: TikTok wird nicht verschwinden. Die Kontroversen rund um die Plattform sind zahlreich, aber das heißt nur, dass der politische Diskurs sich demnächst nicht beruhigen wird. Mittlerweile ist TikTok nicht nur äußerst beliebt, sondern auch eine Wirtschaftskraft – Regierungen würden bei einer möglichen Sperre also auf großen Widerstand treffen.

TikTok zieht mehr neue junge Nutzer*innen an als die großen Konkurrenten von Instagram, YouTube und Facebook. Immer mehr Unternehmen entdecken die Werbekraft hinter der Plattform. Für viele Influencer*innen und Unternehmen gehört TikTok mittlerweile genauso zum Marketingkonzept wie einst Instagram oder Facebook. Die Frage, die Du Dir stellen musst, ist also, ob Du dabei sein willst oder nicht?

Die Grundlagen des Online Marketings

Am Ende dieses Ratgebers wirst Du TikTok-Profi sein und genau wissen, wie Dein persönliches Marketingkonzept aussieht. Doch bevor Du ganz konkret lernst, was TikTok so besonders macht und wie Du Deine ersten Ideen umsetzen kannst, braucht es einen Crashkurs zum Thema Online Marketing. So gehörst Du später dann nicht zu den Millionen von Nutzer*innen, die nur irgendwie mal Videos erstellen und sich über ein paar Likes freuen – nein, Du gehörst anschließend zu den Menschen, die sich mit Reichweiten, Click-Through-Rates und Conversions auskennen!

Was ist Online Marketing?

Online Marketing ist für viele Unternehmen mittlerweile (fast) das einzige Marketing. Es tritt an die Stelle, an der es früher Werbeplakate, Radiowerbung, Fernsehclips und Marketingartikel gab. Der große Vorteil ist: Nahezu jeder kann Online Marketing betreiben, ohne dafür physische Produkte schaffen zu müssen oder mit einem Vermittler (Radio, Fernsehsender, Stadtverwaltung) in Kontakt treten zu müssen. Der große Nachteil ist: Es gibt ständig neue Entwicklungen und Marketing funktioniert auch online nicht überall gleich.

Für Dich bedeutet das vor allem, dass Du die Grundbegriffe kennen solltest. Außerdem solltest Du Dich auf bestimmte Formen des Online Marketings beschränken, statt alles auf einmal meistern zu wollen. Manch eine/r erreicht die Zielgruppe vor allem über Instagram Storys, manch andere/r wird kreativen Ideen am besten über TikTok umsetzen können.

Der unangefochtene Vorteil des Online Marketings ist, dass Du theoretisch darauf verzichten kannst, Geld zu bezahlen. Ja, Du bezahlst natürlich mit Deiner investierten Zeit, doch Plattformen wie TikTok können auch genutzt werden ohne Werbung zu schalten. Warum es manchmal trotzdem sinnvoll sein kann, auch die Werbeoptionen zu wählen, erfährst Du später noch. Grundsätzlich steht Dir online Reichweite zur Verfügung, die Du nicht monetär begleichen musst.

Damit kennst Du jetzt auch schon eine wichtige Unterscheidung beim Online Marketing: bezahlte und unbezahlte Reichweiten. Unbezahlt stehen Dir online verschiedene Möglichkeiten zur Verfügung. Du kannst beispielsweise TikTok nutzen, um Deinen (Berufs-)Alltag zu dokumentieren. Ein kurzes Video vermittelt Followern/Kund*innen, dass hinter Dir beziehungsweise Deinem Unternehmen ein echter Mensch steht. Das schafft Charakter und Wiedererkennungswert. Theoretisch kannst Du aber auch einen Blog kreieren, den Du komplett selbst mit Hintergrundinformationen, Tipps oder privaten Einblicken füllst.

Kombinieren lassen sich Blogs und Unternehmenswebsites mit SEO. Das steht für Suchmaschinenoptimierung und dabei werden Inhalte so optimiert, dass sie in Suchmaschinen möglichst weit vorne erscheinen. Druckt Dein Unternehmen beispielsweise Pullover oder T-Shirts mit witzigen Botschaften, dann wäre es Dein Ziel, dass Menschen Deine Website finden, wenn sie nach „Witzige Pullover" googeln.

Die Optimierung für Suchfunktionen geschieht allerdings auch auf Social Media. So können Hashtags und Beschreibungen unter Bildern und Videos dafür sorgen, dass Nutzer*innen der entsprechenden Plattform Dich finden. Idealerweise kannst Du die Person, die Dich auf diesem Weg findet, in einen Follower oder in eine/n E-Mail-Abonnent*in umwandeln. Dann steht Dir die Welt des E-Mail-Marketings offen, bei der mit Hilfe von Newslettern Marketing betrieben wird.

Wie Du siehst, es gibt ziemlich viele Arten, online auf sich aufmerksam zu machen. Bevor Dich das jetzt überwältigt, solltest Du Dir vor Augen führen, dass Du nicht alles davon umsetzen musst. Expert*innen des Online Marketings schauen zuerst, welche Zielgruppe sie erreichen wollen und entscheiden dann, welche Plattformen und Wege sie nutzen wollen.

Ein Beispiel zur Veranschaulichung: Du bietest eine Dienstleistung an, zum Beispiel einen geführten Kurs für Meditation. Da Du noch nicht so lange meditierst, möchtest Du nicht zu viel Geld für den Kurs verlangen. Der niedrigere Preis und Dein Anfänger*innenstatus sorgen dafür, dass Du eher keine Menschen ansprechen möchtest, die selbst schon lange meditieren. Wenn Du Dein Marketing jetzt aber komplett auf Meditationsgruppen auf Facebook ausrichtest und eine Influencer*innen Kooperation mit jemandem eingehst, der selbst schon viele Inhalte zu diesem Thema verbreitet, verschwendest Du einfach Zeit.

Für Dich wäre der Aufbau eigener Inhalte wichtig, um eine Bindung zu potentiellen Kund*innen aufzubauen: Eine ordentliche Website mit allen Informationen plus ein bis zwei videobasierte Social Media Kanäle, die Du selbst mit Inhalten fütterst, die sich speziell an Einsteiger*innen richten. Für jemanden, der eigene Produkte verkauft und einen Onlineshop hat, kann das wieder ganz anders aussehen.

Kehren wir zum Beispiel zu den bedruckten Kleidungsstücken zurück: Einfach Videos zu erstellen, in denen Du oder ein paar Freunde die Klamotten tragen, ist weniger sinnvoll, als Dich mit Influencern zusammenzutun, die bereits Reichweite haben. Sind die Bilder und Sprüche auf den Pullovern genau Dein Humor und Du bist über 50 Jahre alt, dann stehen die Chancen gut, dass auch andere Menschen in Deinem Alter Interesse daran haben, während jüngere Menschen andere Dinge bevorzugen. All diese Faktoren sind wichtig, wenn Du entscheidest, wohin Zeit und gegebenenfalls Geld fließen sollen.

Sieh Online Marketing nicht als diese überfordernde Sache, die nur Expert*innen wirklich verstehen. Finde Deinen eigenen Weg, werde dort zum Profi und dann optimiere Dein Marketing mit der Zeit. Mit diesem Ratgeber machst Du schon einen wichtigen Schritt, da Du Dich auf TikTok einlässt und dann genau weißt, woran Du bist und wie Du loslegen kannst!

Was ist Content?

Das englische Wort „content" bedeutet einfach nur: Inhalt. Mittlerweile ist es in den Sprachgebrauch vieler Deutschen eingegangen. Content steht also für Inhalte, die eine Website beziehungsweise ein Social Media Profil zur Verfügung stellt. Content zu produzieren ist der wichtigste Bestandteil des Online Marketings.

Für Werbekampagnen sind Inhalte wichtig, da sie bestimmen, wie gut das investierte Geld auch genutzt werden kann. Theoretisch kann jeder aus einem schwarzen Quadrat eine Werbeanzeige machen und darunter schreiben: Hier klicken für Sonnencreme zum besten Preis. Die Anzeige würden Menschen sehen, aber wahrscheinlich nicht klicken. Zeigt das Bild jedoch eine junge Frau, die in der Sonne steht und dabei die Sonnencreme aufträgt, dann wissen die Menschen eher, worum es geht und die Werbeanzeige wird sich lohnen.

Für nicht bezahlten Content gilt das noch mehr. Denn auch suboptimale Bilder, Videos oder Texte können mit dem richtigen Budget vor potentielle Kund*innen gebracht werden. Wer jedoch die natürlichen (auch: organischen) Reichweiten des Internets nutzen möchte, der muss seine Inhalte so optimieren, dass sie vielen Menschen gefallen (oder sie kontrovers genug sind, um Diskussionen auszulösen).

Bildinhalte:

- Eigentlich selbsterklärend, aber alle nicht-beweglichen Bilder sind eine eigenständige Contentkategorie. Es gibt jedoch verschiedene Formen und somit verschiedene Bildinhalte, die für Deine Ziele wichtig sein können. Ebenfalls zu dieser Content-Form gehören Fotos. Selfies, Naturfotografie, Schnappschüsse – sie sind das A und O von Instagram. Allerdings sind auch Info-Grafiken mittlerweile sehr beliebt. Hierbei wird ein Bild erstellt, dass hauptsächlich Informationen erhält – zum Beispiel Fakten über ein neues Gesetz oder eine Schritt-für-Schritt-Anleitung bei einem Rezept.
- Vorteile: Sie sind recht unkompliziert zu erstellen und vermitteln so schnell und direkt Nachrichten, ohne eine allzu aufwändige Gestaltung zu verlangen. Sehr beliebt sind beispielsweise Memes, also humoristische Bilder mit wenig Text. Sie vermitteln eine gewisse Lockerheit und haben häufig den Vorteil, dass sie gerne geteilt werden.
- Nachteile: Bilder (speziell Memes oder Infografiken) werden häufig heruntergeladen, neu hochgeladen und bringen Dir anschließend keine (direkte) Reichweite mehr.

Toninhalte:

- Musikstücke, Audio-Bücher und Podcast sind die Medien, die vor allem auf Sprache setzen. Für das Social Media Marketing werden Podcast immer wichtiger und beliebter.
- Vorteile: Die Menschen hören Podcast beim Joggen, auf dem Weg zur Arbeit oder einfach zur Entspannung. Somit sind sie unter Umständen für Dich eine gute Möglichkeit, um längere Inhalte in kurzer Zeit zu erstellen, da sie oftmals weniger Aufwand verlangen als Videos.
- Nachteile: Eine nicht unbedeutende Gruppe an Menschen hat kein Interesse an Inhalten, die keine Bilder mitliefern. Oftmals werden Videos mit visueller Untermalung bevorzugt.

Videoinhalte:

- Bewegte Bilder, meist mit Ton: Erklärvideos, Werbeclips, Sketche. Videocontent ist für Dich natürlich besonders relevant, da er es ist, der TikTok ausmacht. Doch auch andere Plattformen setzen auf diese Inhalte.
- Vorteile: Videos sind deutlich schneller und angenehmer zu konsumieren als lange Texte. Sie unterstreichen Deine Angebote oder Botschaften visuell und bieten somit auch mehr Gestaltungsspielraum. Kurzclips (unter 60 Sekunden) sind gut, um schnell und direkt zu unterhalten oder zu bewerben. Längere Videos

können sehr gut ein großes Thema abdecken oder ein Projekt/einen Tag dokumentieren.

- Nachteile: Videos zu erstellen, ist aufwändig. Außerdem ist die Aufmerksamkeitsspanne im Internet recht gering, weshalb ein Video auch immer optimiert sein muss und mehr Inhalt nicht immer besser ist.

Textinhalte:

- Texte können für sich schon eine Contentform sein, sie sind jedoch häufig auch eine Ergänzung zu den drei vorherigen Inhaltsarten. Als Beschreibung, Hinweis mit zusätzlichen Links oder zur Suchmaschinenoptimierung gehören kurze Texte zu den Basics des Online Marketings. Als eigenständiges Medium werden sie vor allem für Blogs genutzt.
- Vorteile: Gute Texte werden in Suchmaschinen bevorzugt und gerne in den sozialen Medien geteilt und diskutiert. Wer sich nicht ausschließlich auf die Social Media Kanäle verlassen möchte, weil er dann sehr stark von Schwankungen oder einer möglichen Sperrung betroffen ist, der ist mit einer eigenen Website sehr gut bedient, die volle Kontrolle bietet. Textinhalte können humoristisch, dokumentierend oder informierend sein.
- Nachteile: Durch die Konkurrenz von Bild-, Audio- und Videoinhalten verlieren Texte an Bedeutung. Kaum jemand nimmt sich noch die Zeit, längere Inhalte zu konsumieren. Meist

müssen Textinhalte für Aufmerksamkeit in eine der anderen Contentarten umgewandelt werden.

Welche Unterschiede bezüglich des Contents gibt es zwischen Alltagsusern und Profis? Das ist recht einfach zu beantworten: Gelegenheitskreative posten immer das, was sie gerade gut finden. Ihnen passiert etwas, sie hören von einem Trend oder sie wollen einfach mal etwas ausprobieren. Das ist absolut legitim und ist ein Grund, warum die sozialen Medien so beliebt sind – jeder kann mitmachen.

Wer das Online Marketing jedoch ernstnehmen möchte, der muss seinen Content auch als das verstehen, was er ist, nämlich ein Mittel zum Zweck. Das bedeutet nicht, dass Spaß keine Rolle spielt. Es heißt aber, dass nicht jede Laune umgesetzt werden sollte und Dinge wie Reichweite, Click-Through-Rate und Branding extrem wichtig sind, wenn der langfristige Erfolg im Mittelpunkt stehen soll.

Die wichtigsten Begriffe des Online Marketings

Wenn Du vorhast, mit Deinem Online Marketing richtig durchzustarten – und vor allem auch lange dabei zu bleiben – dann solltest Du einen kurzen Blick in die Basics werfen, denn bestimmte Begriffe wirst Du immer wieder entdecken und sie frühzeitig zu verstehen, wird Dir bei all Deinen zukünftigen Plänen helfen.

Von kaum einer Sache wird im Online Marketing so gerne gesprochen wie von Reichweite. Sie ist das A und O des Online Marketings, auch wenn sie nicht für jeden am Ende wirklich die relevante Kennzahl bleibt. Reichweite bedeutet, ganz dem Namen entsprechend, wie viele Menschen Deine Inhalte theoretisch erreichen. Theoretisch ist dabei wichtig, denn oftmals bedeutet Reichweite nur, wie vielen Menschen Deine Inhalte – also Dein Bild, Video oder Deine Werbekampagne – angezeigt wurden. Das bedeutet noch nicht, dass diese Personen die Inhalte auch bewusst wahrgenommen haben. Sie wurden lediglich im Sichtfeld geladen.

Es gibt eine erwartete Reichweite und eine tatsächliche Reichweite. Die erwartete Reichweite setzt sich aus Faktoren wie Follower, frühere Interaktionsraten und Zielgruppe zusammen und ist eine Schätzung. Die tatsächliche Reichweite wird immer erst im Nachhinein durch Messungen bestimmt.

Über Reichweite zu sprechen, ohne dabei eine Zielgruppe zu bestimmen, ist ein typischer Anfänger*innenfehler. Denn nur weil 1 Million Menschen Dein TikTok Video gesehen haben, heißt das nicht, dass Du die Menschen erreicht hast, die für Dich wichtig sind. Ein Fitness Account, dessen Katzen Video viral geht, kann mit der daraus entstandenen Reichweite nicht so viel anfangen wie aus einem Fitness Video mit halb so vielen Views. Je genauer eine Zielgruppe bestimmt ist, umso besser können Marketing Pläne entwickelt werden und umso höher ist die Chance, Werbekooperationen erfolgreich zu gestalten.

Typische Werte für eine Zielgruppe sind: Alter, Geschlecht, Nationalität, Interessen und User-Verhalten. Letzteres bestimmt unter anderem, wie oft sich Follower/Kund*innen/Nutzer*innen überhaupt mit den entsprechenden Anwendungen beschäftigen und ob sie bereit sind, Käufe zu tätigen. Jemand, der gelegentlich auf Facebook mal ein Meme likt und sich dann wieder ausloggt, hat einen anderen Wert als jemand, der täglich YouTube-Videos schaut und auf Werbungen klickt. Ziel ist es immer, die eigene Zielgruppe zu kennen und innerhalb dieser Zielgruppe eine möglichst hohe Reichweite zu erzielen.

Click-Through-Rate, kurz CTR, ist der nächste wichtige Begriff für Dich. Eine Reichweite allein sagt noch nicht viel darüber aus, ob Dein Marketing Konzept auch Erfolg hat. Übersetzen könnte man die CTR ganz einfach mit „Durchklickrate". Dabei wird gemessen, wie oft Deine Inhalte nicht nur gesehen, sondern auch angeklickt werden. Auf YouTube bedeutet das: Ein Verhältnis zwischen Anzahl der Menschen, denen Dein Video angezeigt wurde, zu den Menschen, die dann auch raufgeklickt haben. Für Werbungen gilt das gleiche Prinzip – Eindrücke und Klicks sind unterschiedliche Dinge. Auf TikTok ist die CTR hauptsächlich für geschaltete Werbungen interessant.

Einen Schritt weiter als die CTR geht die Conversion Rate. Hierbei messen Marketing Expert*innen, ob aus einem Klick auch ein Kauf wird. Je nach Ziel einer Marketing Kampagne kann ein Verhältnis zwischen Impressionen und Käufen, Werbeausgaben und Käufen oder Klicks und Käufen gemessen werden. Als erfolgreiche Conversion kann dabei der Kauf über einen Online Shop, aber auch die Inanspruchnahme einer Dienstleistung (z.B. Onlinekurs) oder das Abonnement eines Newsletters zählen. Wer Social Media Plattformen nicht nur privat nutzt, sondern daraus ein ernstzunehmendes Business machen möchte, der wird nicht ohne die Messung von Conversions auskommen. Wie genau das auf TikTok gelingt, erfährst Du später noch.

Suchmaschinenoptimierung wurde bereits angesprochen. Die meist verwendete Kurzform lautet SEO, also Search Engine Optimization. Was viele Menschen bei diesem Begriff sofort denken, ist: Aha, also für Google, richtig? Ja, das stimmt schon. Ein Großteil der SEO Expert*innen legt das Augenmerk auf die Optimierung für den Google Algorithmus. Ziel ist es, bei einer Suchanfrage für bestimmte Schlüsselwörter (auch: Keywords) möglichst weit oben in den Suchergebnissen zu landen. Hast Du einen Blog zum Thema „Gebrauchtwagen kaufen", dann würdest Du beispielsweise für die Anfrage: „Was muss ich beim Kauf eines Gebrauchtwagens beachten?", auf Platz 1 stehen wollen.

SEO richtet sich immer nach dem Algorithmus, der hinter einer Suchmaschine steckt. Bei Google wird mittlerweile weniger Wert darauf gelegt, dass bestimmte Schlüsselwörter häufig im Text vorkommen. Es ist eher so, dass der komplexe Algorithmus das Thema einer Website erkennt, die Autorität der Website einschätzt und gleichzeitig versucht, die Suchintention der Person, die gerade googelt, zu bestimmen. Das heißt aber nicht, dass Schlüsselwörter gar nicht mehr wichtig wären. Denn auch YouTube, Instagram und TikTok haben eine Suchfunktion und einen Algorithmus, der bestimmt, welche Ergebnisse zuerst gezeigt werden.

Was Marketing Expert*innen durch Suchmaschinenoptimierung erreichen wollen, ist, dem Algorithmus alles Wichtige sofort zu zeigen. Hashtags zeigen, worum es in einem Bild oder Video geht. Beschreibungstexte bieten ebenfalls Kontext. Auch die Qualität der Inhalte (z.B. Auflösung) kann Einfluss auf das Ranking (also den Rang in der Anzeige) haben. Weitere Einflussfaktoren, die jedoch schwerer zu kontrollieren sind: Interaktionsraten, Likes, Kommentare, Abspieldauer. Wie der TikTok Algorithmus funktioniert, erfährst Du in den kommenden Kapiteln Schritt für Schritt. Am Ende lautet das Ziel immer: Wie kann ich von möglichst vielen Followern beziehungsweise Kund*innen gefunden werden?

Ein beliebtes Mittel, um online Geld zu verdienen, ist das Affiliate Marketing, denn viele Unternehmen bieten eine Provision für vermittelte Käufe an. Dabei wird ein individueller Link oder Code für einen Content Creator erstellt. Klicken Menschen auf diesen Link oder nutzen den Code und es kommt anschließend zu einem Kauf, dann erhält der Content Creator eine Provision. Diese wird vorher pauschal oder als Prozentsatz festgelegt. Um an einem Affiliate Programm teilzunehmen, muss sich im Normalfall erst einmal beworben werden, anschließend werden die Links oder Codes erstellt.

Als Influencer*innen Marketing wird das Bewerben der eigenen Produkte oder Dienstleitung mittels Internetpersönlichkeiten bezeichnet. Unternehmen sprechen meist gezielt Influencer*innen an, um von ihrer Reichweite zu profitieren. Eines der Top-Argumente für Influencer*innen Marketing im Vergleich zu klassischer Werbung ist, dass zwischen Influencer*innen und Followern häufig bereits ein Vertrauensverhältnis besteht, das zu mehr Käufen führt. Influencer*innen Marketing nimmt verschiedene Formen an. Manch ein/ Influencer*in spielt in einer TV-Werbung mit oder übernimmt für einen Tag die Social Media Kanäle eines Unternehmens. Häufig zeigen Influencer*innen aber auch einfach Produkte in ihren Videos, Storys oder Fotos. Das Influencer*innen Marketing hat sich mittlerweile so weit entwickelt, dass Influencer*innen ab einer gewissen Reichweite (abhängig von der Nische in der sie arbeiten und der Plattform(en), die sie nutzen) mit Agenturen zusammenarbeiten (mehr dazu in den Tipps 6+7).

Branding ist für Dich und Deine TikTok Pläne genauso wichtig, wie für jedes DAX Unternehmen und jeden Fußballclub. Jeder, der sich öffentlich präsentiert, sollte sich über Branding Gedanken machen. Dahinter steckt die Markenbildung beziehungsweise das Image eines Unternehmens oder einer Person. Dieses lässt sich aktiv gestalten. Für das Branding sind alle öffentlichen Auftritte relevant. Was Du später auf TikTok machst, ist also nicht alleine dafür verantwortlich wie Du oder Dein Unternehmen als Marke gesehen werden. Auch andere Social Media Kanäle, Interviews und Berichte über Dich (Zeitungsartikel, Erwähnungen von Influencer*innen, Reviews) spielen eine wichtige Rolle. Bist Du clever, kannst Du von Anfang an ein gewisses Image aufbauen. Beispielsweise ein „grünes" Bild abgeben, wenn Du Dich für Umweltschutz und Nachhaltigkeit aussprichst und passende Organisationen unterstützt. Oder Du möchtest unbedingt als erfolgreich und gutverdienend gesehen werden – dann muss Deine Kleidung entsprechend hochwertig aussehen. Beim Branding sind keine Grenzen gesetzt, allerdings solltest Du Dir auf jeden Fall vorher überlegen, in welche Richtung Dein Marketing Konzept gehen soll, sonst verlierst Du wertvolle Zeit. Beschreibe also am besten sofort in ein paar Sätzen, wofür Du oder Dein Unternehmen in Zukunft stehen wird.

Was unterscheidet TikTok von anderen Plattformen?

Nun wurde im Kapitel über Online Marketing auch viel über Google, YouTube und Instagram gesprochen. Soll das heißen, Du könntest auf TikTok verzichten? Nein, absolut nicht. Denn obwohl es viele Ähnlichkeiten zu anderen Plattformen gibt, ist TikTok doch etwas ganz Besonderes. Das kann einerseits problematisch werden, ist aber für Dich auch sehr vorteilhaft.

Problematisch ist, dass das Unternehmen hinter TikTok seinen Sitz in China hat. Darüber hast Du bereits in einem vorherigen Kapitel etwas erfahren, daher soll dies nicht weiter erklärt werden. Festzuhalten bleibt jedoch, dass sich viele Regierungen weltweit kritisch mit China und Produkten aus China auseinandersetzen – TikTok wird also immer unter Beobachtung stehen und alle Nutzer*innen sind abhängig davon, was die Rechtslage in China vorgibt.

Weniger kritisch, aber doch herausfordernd, ist, dass TikTok noch recht jung ist. Das führt dazu, dass TikTok Marketing noch in den Kinderschuhen steckt. Kannst Du also auf alles vorbereitet sein? Nein, definitiv nicht. Aber Du hast Dich ja bereits dafür entschieden, auf TikTok zu setzen, also hast Du allen etwas voraus, die noch zögern. Dass im Moment noch etwas „learning by doing" bei

Content Creatorn und Marketing Expert*innen herrscht, ist als Chance zu sehen und nicht als Hindernis.

Das große Verkaufsargument für TikTok ist der Umgang mit Neuheiten. TikToks Algorithmus ermöglicht es praktisch jedem Menschen, über Nacht berühmt zu werden. Es braucht keine Millionen Follower (auch wenn sie nicht schaden) oder jahrelange Konstanz, wie es beispielsweise auf YouTube der Fall ist. Die Hemmschwelle zum Mitmachen ist gering und der Erfolg kann überall lauern. Wenn Du bereit bist, auf Trends zu achten und stets am Ball zu bleiben, dann ist TikTok für Dich genau das Richtige. Die Nutzer*innen sind jung und kreativ. Während sich andere Plattformen wie Facebook schon länger in der Krise befinden, erlebt TikTok im Moment einen unaufhaltbaren Aufstieg. Somit ist TikTok Marketing auch ein Abenteuer und jetzt dabei zu sein, kann sich in einigen Jahren bezahlt machen.

TikTok Basics: Dein neuer Account

Du weißt nun, was TikTok ausmacht und möchtest Dich auch nicht länger mit den Begrifflichkeiten herumschlagen. Alles sehr verständlich, es wird also Zeit, konkret zu werden. Im folgenden Kapitel wirst Du nach und nach lernen, wie Du mit TikTok beginnst. Am Ende wirst Du Deinen Account eingerichtet haben und kannst sofort loslegen. Außerdem kannst Du dann alle im letzten Kapitel gegebenen Profi-Tipps direkt umsetzen.

So erstellst Du ein Profil

Um einen TikTok Account zu erstellen, brauchst Du zunächst nichts weiter als eine E-Mail-Adresse, eine Telefonnummer oder einen anderen Social Media Zugang. Gehe also in den App Store Deiner Wahl und lade die TikTok App herunter. Anschließend kannst Du unter „Registrieren" eine Methode auswählen: per E-Mail, per Telefonnummer oder via Twitter, Facebook oder Google. Hast Du bereits ein Unternehmensprofil auf einem dieser Kanäle, kann es sinnvoll sein, diese zu verknüpfen. Das macht später den Zugang und das Teilen einfacher. Allerdings kann es auch sinnvoll sein, eine klare Trennung zwischen den Auftritten zu haben, um stets alle Inhalte auf eine Plattform auszurichten. Die Entscheidung liegt bei Dir.

TikTok führt Dich durch die Schritte zur Registrierung – anders als bei anderen Plattformen richtest Du Dein Konto zunächst als „normales" Konto ein. Erst wenn das Profil erstellt ist, kannst Du es in ein Unternehmenskonto umwandeln. Daher ist Vorsicht geboten: Wähle von Anfang an einen Benutzernamen mit Bezug zu Deiner Marke. Das kannst Du selbst sein, wenn Du eigenständig auf TikTok unterwegs bist, oder aber der Name Deines Unternehmens oder Deines Blogs. Spielereien sind hier weniger sinnvoll, da Du auf jeden Fall Wiederkennungswert schaffen möchtest.

Hast Du Deinen Unternehmensnamen festgelegt und Dein Profil steht, dann gehe in die Einstellung > Konto verwalten und wähle „Zu Pro-Konto wechseln“ aus. Daran führt kein Weg vorbei, wenn Du es mit TikTok ernstmeinst. Denn durch die Umwandlung in ein Pro Konto stehen Dir völlig neue Analysemöglichkeiten zur Verfügung. Du wirst noch gefragt, ob Du einen Unternehmens- oder Ersteller-Account haben möchtest. Die Unterschiede zwischen diesen Varianten sind bisher marginal (Unternehmensaccounts haben beispielsweise nicht alle Songs zur Verfügung), könnten aber in Zukunft größer werden – gib also einfach an, ob Du Dein Profil für ein Unternehmen oder für Dich persönlich einrichtest. Die TikTok Analytics werden Dir gleich noch vorgestellt.

Jetzt solltest Du Dein Profil erst einmal einrichten. Das heißt: Ein passendes Profilbild (oder Profilvideo) wählen und die Bio (auch: Profilbeschreibung) ausfüllen. Hier gilt dasselbe wie beim Profilnamen – für Dich ist es an dieser Stelle wichtiger, gefunden zu werden, als besonders ausgefallen zu sein. Deine Kreativität und das gewisse Etwas lassen sich später durch die tatsächlichen Inhalte erreichen. Dein Profilbild/Profilvideo sollte entweder Dich zeigen oder das Logo Deines Unternehmens. In der Bio solltest Du ziemlich genau beschreiben, worum sich Dein TikTok Profil drehen wird. Dabei ist wichtig, die richtigen Worte zu wählen: Werden sich Deine Videos um Hunde drehen, dann sollte „Hund“ auf jeden Fall vorkommen und vielleicht noch „Haustier“ oder „Tierliebe“. So wissen der TikTok Algorithmus und die Nutzer*innen schnell, worum es bei Dir geht. Lass Dich dabei ruhig von anderen Profilen inspirieren, die ähnlichen Content anbieten wie Du.

Definiere Deine Zielgruppe

Jetzt bist Du nur noch einen Schritt von Deinem ersten Video entfernt! Theoretisch kannst Du natürlich sofort loslegen. Aber wenn Du wirklich von Anfang an zu den Expert*innen gehören möchtest, fehlt noch ein letzter Schritt: die Bestimmung der Zielgruppe. Denn wenn Du das jetzt einmal machst, dann sparst Du später Zeit und Nerven.

Jemand, der TikTok nur als Hobby sieht, muss sich keine Gedanken darüber machen, wen er erreicht. Hauptsache, es finden sich Menschen, die die Videos gerne gucken und vielleicht mal einen Kommentar hinterlassen. Du willst aber TikTok für Dein Business nutzen – oder es sogar zu Deinem Business machen – also solltest Du vorher wissen, wer Deine Videos sehen soll. Dafür musst Du Dir Fragen stellen: Was kannst Du bieten und wen kann das interessieren?

Was Du bieten kannst, ist eine persönliche, aber auch eine professionelle Frage. Fängst Du ganz alleine mit Deinem TikTok Business an, dann hast Du wahrscheinlich nur begrenzte Mittel zur Verfügung – unter anderem wenig Zeit für das Drehen und Schneiden von Videos. Das macht TikTok zwar so einfach wie möglich, doch Du solltest Deine Grenzen kennen. Jemand, der hochwertige Videos veröffentlicht, die Teil eines Videografie-Portfolios sind, muss jedes Video bis ins kleinste Detail planen und optimieren. Jemand, der witzig sein möchte, braucht vielleicht ein Skript oder Requisiten. Oder Du willst Dich selbst gar nicht zeigen, sondern lieber andere Menschen, oder machst reine Informationsvideos – alles möglich. Das hat aber auch Einfluss darauf, wer Deine Zielgruppe ist. Möchtest Du Menschen aus der Business Welt ansprechen, bietest vielleicht hochwertige Produkte an, dann müssen Deine Videos das widerspiegeln. Willst Du eher nahbar bleiben, dann kann auch mal ein verwackeltes Video durchgehen.

Weißt Du, welche Fähigkeiten Du mitbringst, musst Du noch einmal ehrlich mit Dir sein und Dich fragen: Wen interessiert das? Möchtest Du einfach so viele Menschen wie möglich erreichen, dann solltest Du Themen behandeln, die verhältnismäßig viele Menschen betreffen – Tanzvideos, kurze Sketche, Trends folgen. Für ein Business ist es jedoch fast immer sinnvoller, sich eine Nische zu suchen. Deine Relevanz muss nicht für alle Menschen gelten, sondern nur für Deine Nische. Fußballfans interessieren sich für Deine Meinung zum Bundesligawochenende – eine Tanz Challenge mitzumachen, ist also eher Unsinn. Oder möchtest Du vor allem Menschen in Deinem Alter ansprechen und Du bist Mitte 30? Dann sind Teenager nicht Deine Zielgruppe und Du musst auch nicht ständig darauf achten, was sie gerade interessiert.

Natürlich kann sich Deine Zielgruppe noch verändern. Doch der größte Anfänger*innenfehler ist, zu viel auf einmal zu wollen und dadurch an Charakter zu verlieren. Starte lieber mit einer klar definierten Zielgruppe, erstelle ein paar Videos und lerne dann mittels der TikTok Analytics neue Wege kennen, Menschen zu begeistern. Am besten legst Du Dir dafür eine Datei an, in der Du die Veränderungen in Deiner Zielgruppe dokumentierst. Schreibe heute auf, wen Du erreichen möchtest, nach ein paar Tagen dann, ob Du etwas optimiert hast. Mit der Zeit wird aus einer kleinen ersten Notiz ein wichtiges Dokument für Deinen Marketingplan.

Content für TikTok erstellen

Endlich, endlich, endlich! Los geht's. Dein Account ist eingerichtet, Deine Zielgruppe hast Du für heute schon definiert. Es steht Deinem ersten Video nichts mehr im Wege. Zum Glück geht das mit TikTok auch lächerlich einfach. Die Entwickler*innen wissen schon, wie sie allen Nutzer*innen die nötigen Mittel in die Hand geben, um selbst Content zu kreieren. Dafür klickst Du auf das „+" auf dem Hauptbildschirm und schon hast Du die Qual der Wahl. Entweder, Du erstellst jetzt ein Video oder Du wählst eines aus, das bereits existiert.

Theoretisch kannst Du alle Deine TikTok Videos mit einer professionellen Kamera drehen, dann per Videoprogramm schneiden und bearbeiten. Viele Unternehmen machen das so, wenn sie sowieso jemanden für die Social Media Pflege haben, der auch noch Instagram, Facebook und Co. bespielt. Das Problem ist dabei, dass Du möglicherweise nicht ganz authentisch wirkst. TikTok lebt unter anderem von dem Gefühl, spontan kreativ sein zu können. Dass dahinter trotzdem lange Planung und Fachwissen stecken, ist okay. Aber wenn Du zu sehr „polierst" und Deine Videos aussehen, als wären sie einfach von YouTube oder aus einem Werbespot übernommen, stehen die Chancen schlechter, dass Du treue Follower gewinnst. TikTok ist ein eigenes Medium und so solltest Du es auch behandeln.

Nutze also am besten, was TikTok Dir ohnehin schon anbietet: die Kamera- und Bearbeitungstools. Dazu gehören vor allem Filter, Effekte und Sounds. Sie geben Deinem Video das gewisse Etwas. Wahrscheinlich wirst Du nicht ab Tag eins einen eigenen Stil haben. Das ist okay. Schaue Dich ein wenig auf TikTok um und entscheide, welche Filter, Trends oder Lieder Dir gefallen. Mit der Zeit wirst Du ein Gefühl dafür bekommen, was zu Dir und Deiner Marke passt. Lass Dich also an dieser Stelle nicht zur sehr abschrecken. Suche Dir eine Video Idee und kopiere sie. Das ist auf TikTok nicht etwa verpönt, sondern gerne gesehen. Trends kommen und gehen innerhalb weniger Tage. Mach dabei ruhig mit.

Möchtest Du Dein Branding locker gestalten, kannst Du mit einer Dance Challenge starten. Oder Du reagierst auf das Video eines bereits bekannteren TikTok Accounts mit eigener Idee. Probieren geht über Studieren auf TikTok. Wähle also erst ein einfacheres Video, bei dem Du nicht allzu viel schneiden musst. Beim nächsten Video probierst Du dann schon etwas mehr. Hast Du vier bis fünf Videos erstellt, solltest Du Dir anschließend einen ganz klaren Plan für Deinen Content machen. Dazu zählt: Welche TikTok Accounts sind Deine Vorbilder? Wie oft möchtest Du Videos veröffentlichen? Sollen Deine Videos immer eine bestimmte Länge haben? Wie oft willst Du Dich Trends und Challenges anschließen?

Dann erstellst Du einen Plan für die kommenden vier Wochen. Du solltest es nicht übertreiben, sonst verlierst Du schnell den Überblick. Zwei Videos pro Woche können schon reichen, wenn Du viel Zeit in sie investierst. Ist Deine Strategie eher, spontan zu sein und die Videos kurz zu halten? Dann können es auch vier Videos pro Woche sein. Wichtig ist, dass Du eine klare Richtung hast, ohne Dich zu sehr zu versteifen. TikTok ist ständig im Wandel und das solltest Du auch sein. Nach den ersten vier bis fünf Wochen kannst Du aus Deinen Analytics schon einiges ablesen und Du fühlst Dich nicht mehr ganz so neu. Die kleinen Feinheiten der App kennst Du dann und Du hast die ersten Follower gesammelt. Außerdem setzt Du bereits die 9 Tipps um, die Du in diesem Ratgeber noch erhältst. Deinem Erfolg steht also nichts mehr im Wege.

TikTok Analytics verstehen

Mit der kreativen Seite von TikTok wirst Du Dich schon selbst bekanntmachen. Das ist das Schöne an TikTok: Jede/r findet ihre/seine Nische und jede/r kann erfolgreich sein, wenn sie/er nur etwas Glück hat. Doch natürlich ist der Prozess zu beschleunigen beziehungsweise planbar. Was Anfänger*innen von Profis unterscheidet, ist, dass Anfänger*innen ins Blaue hineinraten, was funktioniert und was nicht.

Mit den TikTok Analytics ist das gar nicht nötig, denn hier findest Du glücklicherweise so viele Zahlen, dass Du spätestens nach ein paar Wochen einen Eindruck davon gewonnen hast, welche Videos gut funktionieren, welche Videos am häufigsten kommentiert werden und welche Trends schon wieder irrelevant werden.

TikTok unterteilt den Analytics Bereich in drei verschiedene Kategorien: Content, Follower und Overview. Die Metriken sind außerdem für Deinen gesamten Account und für einzelne Videos abrufbar. Das ermöglicht Dir, bis ins kleinste Detail zu lernen, was erfolgreich ist und was nicht.

Die Overview Kategorie ist genau das, was Du erwartest: Hier wird Dir eine Übersicht über die wichtigsten Statistiken zu Deinem Account gegeben. Followeranzahl, Videoaufrufe, Profilaufrufe – TikTok zeigt Dir diese Zahlen entweder für die letzten 7 oder die letzten 28 Tage. Somit kannst Du hervorragend ablesen, an welchen Tagen Dein Profil besonders beliebt ist. Vielleicht erhältst Du die meisten Follower direkt, nachdem Du ein Video hochgeladen hast? Scheinen Videos am Wochenende besser anzukommen als unter der Woche? Generell erkennst Du hier einen Trend – sind Deine Zahlen stabil, fallen sie oder (was nach der Lektüre dieses Ratgebers zu erwarten ist) steigen alle Werte an?

In der Follower Kategorie kannst Du ganz genau erfahren, wie alt Deine Follower sind, aus welchem Land sie kommen und welches Geschlecht sie haben. Hier siehst Du außerdem, welche Videos Deine Follower schauen. Somit kannst Du hier genau erkennen, ob Du mit Deinen Videos auch Deine zuvor definierte Zielgruppe erreichst. Entweder musst Du Deine Videos verändern, wenn Du bisher nicht von den passenden Menschen gefunden wirst, oder Du passt Deine Zielgruppe an.

Die Content Kategorie bietet aktuell am meisten Zahlen, mit denen Du arbeiten kannst. Hier siehst Du unter anderem, wie oft Videos geguckt wurden. Außerdem: Woher die Personen kamen, die das Video sahen. Likes, Kommentare, Teilen-Aktionen, Abspieldauer und ob das Video von Followern oder durch die For You Page (Startseite) gefunden wurde. Außerdem siehst Du hier, ob eines

Deiner Videos zum Trend wurde und somit besonders vielen Nutzer*innen gezeigt wurde.

TikTok möchte laut eigenen Angaben nicht, dass sich Nutzer*innen zu sehr auf die Analytics fokussieren. Nach allem, was Du nun schon über TikTok weißt, verstehst Du natürlich auch, dass sich durch die Schnelllebigkeit der Plattform nicht alles planen oder messen lässt. Es stimmt also schon: wenn Du immer nur an die nächste Zahl denkst, könnte Kreativität verloren gehen.

Auf der anderen Seite wäre es verschwendete Energie, wenn Du die Analytics nicht zum Teil Deiner Marketing Strategie machen würdest, denn hier erfährst Du ja sehr genau, was Deine Follower (und potentielle Kund*innen) mögen und was nicht. Was Du aber bedenken musst, ist, dass TikTok – so wie alle anderen Social Media Plattformen – nicht möchte, dass jemand den Algorithmus „knackt". Somit kann es immer sein, dass einige Deiner Videos sehr gut sind, aber einfach nicht vor die Augen Deiner Zielgruppe kommen. Daher solltest Du die Analytics nutzen, um erstens festzustellen, was immer viele Aufrufe erhält – diese Art von Videos solltest Du weiterhin posten. Dann probierst Du Dich aus und kannst mittels der Analytics genau sehen, ob es funktioniert. Deshalb solltest Du im vorherigen Kapitel auch gleich für einen Monat Deine Content Strategie planen – anschließend kannst Du sofort in der 28 Tage Übersicht einen Eindruck gewinnen.

Welche weiteren analytischen Methoden Du nutzen kannst, um mehr über TikTok und Deine Zielgruppe zu lernen, erfährst Du gleich noch unter den Top Tipps für Dein TikTok Marketing – vorher solltest Du aber noch wissen, wie Werbung auf TikTok funktioniert.

Auf TikTok Werbung schalten

Du musst keine Werbung schalten, um auf TikTok erfolgreich zu sein. Mit der organischen (also nicht bezahlten) Reichweite wirst Du mit der Zeit Follower gewinnen, aus Deinen Analytics lernen und letztlich wertvolle Schlüsse für Deine Marketing Strategie ziehen können. Das heißt aber nicht, dass es nicht auch sinnvoll sein kann, Werbung zu schalten.

TikTok verfügt über einen Ads Manager. Dort legst Du eine Kampagne an. Dafür brauchst Du ein Budget, eine Zielgruppe und ein oder mehrere Videos, die Du bewerben möchtest. Als Ziel der Kampagne hast Du eine große Auswahl:

- Erreichen: Ziel ist es, dass so viele Menschen wie möglich Dein Video sehen
- Traffic: So viele Menschen wie möglich auf Deine Website führen
- App installieren: Du hast eine App, die Kampagne soll zu mehr Downloads führen
- Videoansichten: Praktisch wie „erreichen", doch die Videos sollen auch vollständig geschaut werden
- Wertvolle Aktionen: Käufe/Dienstleistungen auf der Zielwebsite sollen erreicht werden

Hast Du das Kampagnenziel gewählt, fragt Dich TikTok noch nach der Platzierung. Für Dich ist dabei nur die TikTok App selbst interessant, da die anderen Apps von ByteDance (bisher) nicht in Deutschland verfügbar sind. Außerdem musst Du für Kampagnenziele, die Deine Website erreichen sollen (Onlineshop, Blog), noch Deine Website angeben und sichergehen, dass auf der Website der TikTok Pixel eingebaut wird. Hierfür gibt es etliche Social Media Plugins, die das für Dich übernehmen. Du wählst im Ads Manger außerdem aus, wo Deine Werbung angezeigt werden soll: Direkt beim Öffnen der App, über den Inhalten oder im Feed. Eine Sonderform ist die Hashtag Challenge, bei der TikTok für Dich Nutzer*innen dazu anregt, bei einer Challenge zu einem von Dir gewählten Hashtag mitzumachen.

Anschließend legst Du noch Deine Zielgruppe fest. Nun siehst Du auch, warum TikTok Werbung interessant sein kann: Erreichst Du mit Deinen Videos nur einen Teil Deiner Zielgruppe, kann eine Werbung eine gute Ergänzung sein. Alter, Geschlecht, Herkunft und Interessen kannst Du festlegen (z.B. Sport, Beauty oder Games). Hier sind Deine Ansprüche natürlich ganz individuell. Letztlich legst Du noch das Budget für Deine Kampagne fest. Du kannst dabei tägliche Gebote abgeben, dann wird Deine Werbung täglich so lange geschaltet, bis das Budget aufgebraucht ist. Oder Du legst nur ein übergreifendes Budget fest, das dann nach und nach aufgebraucht wird.

Was fehlt noch? Ach ja, Du musst natürlich auch ein entsprechendes Video hochladen beziehungsweise ein bestehendes Video auswählen. Dafür bietet Dir TikTok – wie sollte es anders sein – die Tools direkt an. Alternativ kannst Du das Video aber auch über ein anderes Programm erstellen und dann hochladen. Sobald die Kampagne eine Zeit läuft, zeigt Dir TikTok natürlich auch, wie erfolgreich die Kampagne ist und wie viel Budget noch übrig ist. TikTok Werbungen solltest Du in Erwägung ziehen, nachdem Du Dein Profil bereits organisch aufgebaut hast, damit die Menschen auch weitere Videos zum Anschauen haben und Dich oder Dein Unternehmen kennenlernen können.

Die 9 wichtigsten Tipps des TikTok Marketings

Nun weißt Du alles Grundlegende, was es über TikTok zu wissen gibt. Du hast Dich mit der App vertraut gemacht, Deinen Account eingerichtet und Deine Strategie entwickelt. Damit bist Du auf einem guten Level, um schon etwas mehr zu können und zu wissen als die Durchschnittsnutzer*innen. Doch zwischen „etwas mehr" und „Vollprofi" liegen noch ein paar Schritte.

Daher bekommst Du nun 9 wertvolle Tipps für Dein TikTok Marketing. Einige der Punkte wurden in den vorherigen Kapiteln bereits angerissen, doch jetzt lernst Du auch, wie Du sie direkt umsetzen kannst. Dadurch erspielst Du Dir im Vergleich zur Konkurrenz einen Vorteil und bist bestens für diese junge und kreative Plattform gewappnet, die von so vielen Menschen noch unterschätzt wird.

1. Nutze so viele Analyse Tools wie nötig

Die Frage, wie viele Zahlen, Statistiken und Analytics wirklich nötig sind, um erfolgreiches Online Marketing zu betreiben, ist ein ziemliches Streitthema. Jeder hat dazu eine andere Meinung. Das ist aber auch kein Wunder, denn Deine Ziele, Ressourcen und Ansprüche bestimmen, wie sehr Du auf blanke Zahlen setzen solltest.

Etwas, was Dir möglicherweise einen entscheidenden Vorteil bringt, ist: Nutze nicht nur die TikTok Analytics. Klar, Du kennst sie jetzt und Du solltest sie regelmäßig durchgehen, um zumindest einen Trend zu erhalten und zu wissen, was den Menschen gefällt. Doch wenn Du ein verbessertes Konzept möchtest, dann kannst Du auch folgende Mittel noch nutzen:

Google Trends: Völlig kostenlos und ohne Anmeldung kannst Du Google Trends nutzen. Du gibst ein Schlüsselwort ein, das zu Deinem Unternehmen oder zu Dir als Marke passt (z.B. Beauty, Wandertour Harz, Tanzkurs). Dann zeigt Dir Google, in welchen Regionen dieses Schlüsselwort häufig gesucht wird und vor allem: Wie häufig es im Jahresverlauf gesucht wurde. Daran lässt sich also Saisonalität erkennen, die sich in gewissem Maße auch auf TikTok übertragen lässt. So sind Gartentipps eher im Frühjahr wichtig, Kürbisthemen im Herbst und Outdoorfragen werden im Winter eher weniger gestellt. Du kannst noch einen Schritt weitergehen und mehrere Schlüsselwörter oder -sätze miteinander vergleichen. So siehst Du dann, dass das Thema „Kürbissuppe" häufiger gesucht wird als „Kürbis" und sogar ab August schon sehr relevant ist, während der Kürbis erst zu Halloween beliebt ist. Für Dich kann das bedeuten, dass Du rechtzeitig bestimmte Trends antizipieren kannst und somit zu den ersten gehörst, die Videos zu bestimmten Themen hochladen.

Facebook, Instagram, YouTube: Wenn Du nicht ausschließlich auf TikTok setzt, sondern auch andere Social Media Kanäle nutzt, kannst Du selbstverständlich auch die Daten dieser Analytics nutzen. Was auf YouTube funktioniert, ist zwar nicht zwangsläufig auch auf TikTok erfolgreich. Doch um Deine Zielgruppe zu kennen und bestimmte Themen besser einschätzen zu können, sind die Zahlen aus diesen Statistiken Gold wert. Entweder versuchst Du, auf allen Plattformen eine gleiche Zielgruppe zu haben oder Du fährst eine diverse Strategie. Soll heißen: Wenn Dir auf Instagram vor allem Menschen folgen, die sich für teure und hochwertige Produkte und Dienstleistungen interessieren, kann Dein TikTok Account lieber ein weniger kaufstarkes Publikum ansprechen. Oder Du ergänzt Deinen ausführlichen und umfangreichen Videocontent von YouTube mit Kurzversionen dieser Videos, die leicht verdaulich für TikTok gekürzt werden.

Website Daten: Die Chancen stehen gut, dass zu Deiner Marketing Strategie auch eine Website gehört. Eine Unternehmenswebsite, ein Blog, ein Online Shop – hier landen die Menschen idealerweise, wenn ihnen Dein TikTok Content gefällt. Und auf Deiner Website kannst Du wertvolle Daten erheben. Die meisten Menschen nutzen dafür Google Analytics, aber es bleibt Dir überlassen, welches Statistik Tool Du wählst. Wichtig ist auf jeden Fall, dass es erfasst, woher die Besucher*innen kommen, die auf Deiner Website landen. Dann siehst Du nämlich, wie viele Menschen direkt von TikTok auf Deine Seite klicken, wie viel Deiner Website sie sich anschauen und wie lange sie bleiben. Daraus kannst Du nach einer Weile ablesen, ob kurze Videos eher zu einem Klick führen als lange Videos. Oder ob eher Frauen oder eher Männer von TikTok zu Dir wechseln. Am Ende errechnet sich daraus außerdem die berühmte Click-Through-Rate. Wenn Deine Unternehmensstrategie beinhaltet, dass die Menschen auf Deiner Website landen, muss es Dein Ziel sein, diese möglichst zu erhöhen. Das kannst Du übrigens auch messen beziehungsweise berechnen, wenn Du Affiliate Marketing betreibst, doch dazu mehr unter Tipp 9.

Du musst Dich zusätzlich entscheiden, wie Du analytische Daten festhalten möchtest. Ist Dein Unternehmen schon groß genug, um speziell für Marketing und Social Media eine Abteilung oder Angestellte zu haben, dann sollte das sowieso in einem eigenen Programm geschehen. Doch wenn Du Alleinkämpfer*in bist oder Dein Unternehmen über begrenzte Ressourcen verfügt, dann solltest Du trotzdem einen Weg finden. Eine Excel Tabelle wirkt im ersten Moment etwas einfach, doch Du wirst Dir später danken, wenn Du alle Entwicklungen festgehalten hast. Kopiere also die wichtigsten Kennzahlen in eine eigene Tabelle, somit hast Du für mögliche Kooperationen oder zukünftige Projekte (Gründung eines neuen Unternehmens, weiterer Social Media Auftritt) eine hervorragende Referenz.

Last but not least solltest Du Dich mit Vergleichstest (ähnlich: A/B Test, Split Testing) vertraut machen. Beim Vergleichen hast Du zwei (oder mehr) Versionen eines Inhalts. Bei einem TikTok Video kannst Du beispielsweise einmal ein sehr kurzes Video posten und dann eine längere Version und dann schauen, welche besser ankommt. Oder Du postest eine Woche lang jeden Morgen um 7 Uhr ein Video und in der kommenden Woche um 12 Uhr. Auch hier gilt: Zahlen erleichtern Dir das Leben. Dein Bauchgefühl sagt Dir vielleicht, dass Deine potentiellen Kund*innen beziehungsweise Follower gleich morgens nach dem Aufstehen

TikTok aufrufen. Mit dem Vergleichstest und ausreichend notierten Messwerten zeigt sich aber vielleicht, dass sie viel lieber zur Mittagszeit ein wenig auf TikTok scrollen.

2. Branding und Wiedererkennungswert sind das A und O

Das Internet ermöglicht es praktisch jedem Menschen, über Nacht berühmt zu werden. Manch einer ist zur richtigen Zeit am richtigen Ort, manch anderer erkauft sich seine Followerschaft. Doch Du willst sicherlich nicht durch Gebete zum One-Hit-Wonder werden, Du willst es lieber selbst in der Hand haben. Dafür musst Du – egal ob Du als Person eine Marke bist oder Du ein Unternehmen pushen möchtest – Branding betreiben. Denn wie gesagt: Jeder kann theoretisch online erfolgreich sein, das heißt, es gibt auch unzählige Menschen, die es tagtäglich versuchen. Von denen musst Du Dich absetzen, wenn Du nicht in der Masse untergehen möchtest.

Du und Deine Marke brauchen ein Profil. Du musst also die Fragen beantworten: Wofür steht mein Name und wofür steht er nicht. Möchtest Du als Privatperson bekannt sein, dann solltest Du schauen, ob Du lieber witzig oder seriös wirken willst. Anschließend müssen all Deine Content Ideen für Lockerheit oder Striktheit stehen – auch wenn eine Ausnahme von der Regel gelegentlich für Furore sorgen kann. Ist Dein Unternehmen engagiert, wenn es um gesellschaftliche und politische Missstände geht? Dann sollte das auch deutlich in den Videos zum Vorschein kommen.

(Ansonsten kann eine klare Linie gegen politische Diskussionen dafür sorgen, nicht in tagesaktuelle Fettnäpfchen zu treten. Das ist vor allem für mögliche Kooperationen relevant – dazu mehr unter den Tipps 6 und 7).

Für Unternehmen gilt: Es sollte immer konkret darüber gesprochen werden, wie Ihr Euch über TikTok (und andere Plattformen) präsentieren wollt, sonst besteht die Gefahr, dass z.B. ein Luxusuhrenhandel plötzlich mit Streichen auf TikTok berühmt werden will. Daher muss auch immer geklärt werden, wer Inhalte überhaupt erstellen darf. Für ein lockeres, junges Unternehmen kann es sinnvoll sein, dass alle Mitarbeiter*innen Vorschläge machen dürfen oder mal spontan etwas posten können. Ein professionelles Auftreten verlangt jedoch, dass jemand die Kontrolle über den Content behält.

Für Influencer oder Kleinunternehmer*innen stellt sich hingegen hauptsächlich die Frage: Wie viel kannst Du preisgeben? Nahbarkeit z.B. ist immer noch sehr wichtig für Internetpersönlichkeiten. Deine Follower wollen wissen, wer Du bist. Das ist auch völlig in Ordnung, aber für Dich ist es von großer Bedeutung, dass Du Dir klare Grenzen setzt. Frühstück und Abendspaziergang sind für Dich vielleicht Dinge, die Du mit jedem teilen möchtest. Doch was ist, wenn Du mal krank bist? Sollen TikTok Nutzer*innen das sehen oder lieber nicht? Was ist mit privaten Beziehungen? Das Definieren der eigenen Privatsphäre ist ein wichtiger Schritt, um einschätzen zu können, welche Inhalte möglich sind. Bist Du offen für alles, dann kannst Du praktisch jedes Video posten, das Dir in den Sinn kommt. Bist Du auf Privatsphäre bedacht, musst Du Deinen Content eher planen und manchmal auch Umwege gehen, um Ideen umzusetzen.

Schreib Dir ruhig auf, wofür Du stehst. Anhand dieser Vision gestaltest Du Deinen Account und Deinen Content. Erst wenn Du den „Geist" Deines Profils kennst, kannst Du auch weitere Branding Methoden in Angriff nehmen. Hast Du ein Logo oder ein Foto von Dir, dann verwende es überall, wo Menschen Dich online finden können – im TikTok Profil, auf YouTube, auf Deiner Website. Hast Du eine Lieblingsfarbe? Dann gestalte auch Deine Videos immer mit dieser Farbe, entweder durch Filter oder durch einen bestimmten Hintergrund. Bist Du bekannt für Deine lockere Art, dann sollten Deine Videobeschreibungen und Kommentare auch eher umgangssprachlich geschrieben sein.

So schaffst Du Wiedererkennungswert. Für eine umfängliche Marketing Strategie ist das unglaublich wichtig, um Dich von der Masse abzuheben, denn das Internet ist ein ziemlich lauter und unübersichtlicher Ort. Jeder, der da für „etwas" bekannt ist, hat einen Wettbewerbsvorteil. Dieses

„Etwas“ kann ein Style sein, eine Persönlichkeit oder ein bestimmter politischer Kurs. Wichtig ist, nicht auf allen Hochzeiten gleichzeitig tanzen zu wollen. Wenn Du jeden Trend mitmachst und Deine Inhalte ständig veränderst, gewinnst Du vielleicht Follower und erhöhst die Anzahl der Videoaufrufe, aber es ist eher unwahrscheinlich, dass Du Vertrauen und Markenbindung schaffst. Das kann wiederum wichtig sein, um Einnahmen zu generieren und dauerhaft erfolgreich zu sein.

3. TikTok ist im Wandel und Du bist es auch

Einer der größten Fehler, den Du machen kannst, wenn Du TikTok als Marketing Tool nutzen möchtest, ist, die Plattform nur als Mittel zum Zweck zu sehen, das irgendwann von alleine funktioniert. TikTok ist ständig in Bewegung und das wird sich sobald auch nicht ändern. Du kannst auf keinen Fall statisch agieren, während TikTok dynamisch ist.

Das fängt schon bei Trends an. Sie kommen und gehen (meist binnen weniger Tage) und machen einen Großteil der Anziehungskraft von TikTok aus. Denn wenn es ständig neue Trends gibt, können ständig neue Videos erstellt werden. Mehr, mehr, mehr lautet die Devise. Es ist zwar nicht so, dass Du jeden Trend mitmachen musst (oder solltest, vor allem wenn er nicht zu Deinem Branding passt), aber wenn Du zu lange nicht dabei bist, verpasst Du tolle Möglichkeiten für Reichweite. Das hängt auch sehr stark mit dem TikTok Algorithmus zusammen, denn er bestimmt, was auf der For You Page erscheint.

Auf der For You Page möglichst vieler Nutzer*innen zu landen, ist das Ziel. Das bedeutet, mehr Reichweite und somit potenzielle Follower und Kund*innen zu generieren. Ist ein Thema gerade besonders angesagt, erscheinen auch mehr Videos zu diesem Thema auf den For You Pages der User. Da TikTok keinen detaillierten Einblick in die Funktionsweise des Algorithmus gibt, kannst Du nur bestimmte Dinge optimieren, um dem Algorithmus hoffentlich in die Karten zu spielen – dazu gehört, immer schön aktuell zu sein und auf neue Trends aufzuspringen (weitere Faktoren lernst Du bei Tipp 8 kennen).

Um zu verstehen, was auf TikTok gerade beliebt ist, ist es am besten, ein Fan der App zu sein. Es klingt banal, doch wenn Du TikTok auch selbst nutzt und genießt, hast Du einen viel direkteren Zugang zu den Inhalten, Influencer*innen und Neuheiten, die die App so besonders machen. Somit kannst Du beim Scrollen durch TikTok nebenbei gleich Recherche betreiben – dabei siehst Du, was andere Nutzer*innen aus Deiner Branche (beziehungsweise Nische) gerade so erfolgreich macht, worüber in den Kommentaren diskutiert wird und auch, welche Trends für Dich in Frage kommen und welche nicht.

Sei also auch auf TikTok unterwegs und erstelle nicht nur Inhalte – sonst läufst Du Gefahr, abgehängt zu werden. Dagegen kannst Du auch außerhalb der App etwas machen, indem Du stets Websites und Blogs zum Thema TikTok im Auge behältst. Die erste Anlaufstelle ist dafür die Website von TikTok selbst. Dort werden Neuerungen bekanntgegeben, die möglicherweise neue Features für Dich bedeuten.

Wenn Du aber wirklich alles so schnell wie möglich wissen möchtest, was irgendwie mit TikTok zu tun hat, dann sind Blogs für Dich das Richtige. Verschiedene Menschen (vor allem im englischsprachigen Raum) befassen sich Tag und Nacht mit TikTok und was sich dort alles verändert. Tipps und Tricks bekommst Du hier ganz kostenfrei. Das gilt auch für YouTube Channels, auf denen erfolgreiche TikTok Stars davon berichten, wie sie es zu Millionen von Aufrufen pro Monat geschafft haben. Nicht immer lässt sich daraus eine Strategie ableiten, doch wenn Du Dich fragst, wie Du Dein TikTok Marketing verbessern kannst, ist „Immer auf dem Laufenden bleiben" sicherlich ganz oben auf der To Do Liste.

4. Fange sofort an und sei bloß kein Eigenbrötler

Habe keine Angst davor, mit TikTok anzufangen. Dein erstes Video sollte zwar grundlegend zu Deiner Marke passen – Du musst also schon wissen, in welche Richtung Dein Projekt geht. Wenn Du aber zu lange nachdenkst, verschwendest Du nur Zeit. Denke immer daran, dass viele TikTok User noch sehr jung sind, sie verzeihen also auch mehr. Dein erstes Video ist kein Fernsehwerbespot, der perfekt abgestimmt sein muss und Ansprüchen externer Bewertungsstellen genügen soll.

Stattdessen solltest Du ganz bewusst auf Deinen unperfekten Account aufmerksam machen. Hast Du bereits eine Website oder einen Social Media Auftritt, dann verweise auf Deine ersten TikTok Videos. Hilf den Menschen dabei, Dich zu finden und bei Deinem neuen Projekt dabei zu sein. Wenn es Dein Ziel ist, mit TikTok erfolgreich zu sein, dann solltest Du auch so auftreten. Unsicherheit überträgt sich manchmal sogar über das Internet. Schreibe unter Dein erstes Video also nicht „Haha, nicht so gut, aber was meint Ihr?", sondern arbeite so, als wärst Du schon ewig dabei. Schon beim ersten Post kannst Du die richtigen Hashtags nutzen, Schlüsselwörter in die Beschreibung einbauen und auf Engagement setzen.

Engagement bedeutet, dass Du mit anderen Nutzer*innen interagierst. Wenn Dir jemand folgt, schau Dir das Profil an und überlege, ob Du zurückfolgen kannst. Kommentiert jemand Dein Video, dann antworte auf den Kommentar. Frage auch mal nach neuen Ideen oder Feedback. Das wirkt sich einerseits auf den Algorithmus aus – wenn viele Menschen liken, teilen und kommentieren, dann hält TikTok Dein Video beziehungsweise Dein Profil für relevant und zeigt es mehr Menschen. Andererseits schaffst Du somit auch Nähe zu Deinen Followern und potentiellen Kund*innen.

Für angehende Influencer*innen oder Kleinunternehmer*innen gilt daher: Gib ruhig einen Einblick in Deine Gedankenwelt. Bedanke Dich für besonders nette Kommentare, nimm aber auch Kritik an. Der Vorteil von Influencer*innen gegenüber Zeitungs- oder Fernsehwerbung ist, dass sie authentisch wirken. Das gelingt am besten, wenn Du Deine Follower ernstnimmst und mit ihnen in Kontakt trittst.

Für Unternehmen, die ein professionelleres Auftreten schätzen, bietet es sich weniger an, persönlich zu werden. Stattdessen sollte sich hier höflich für Feedback bedankt werden. Mögliche Kritikpunkte am Video – oder aber am Unternehmen selbst – sollten nicht ignoriert oder gar blockiert werden. Du schaffst eine professionelle Atmosphäre, wenn Du Dein Unternehmen als gesprächsbereit und verständnisvoll präsentierst.

Für Unternehmen und für Influencer*innen gilt gleichermaßen: Alles, was Du tust, wirkt sich auf Deine Marke aus. Dazu gehört auch, wem Du folgst. Es gibt immer wieder Profile, die in Kontroversen verstrickt werden. Unternehmen werden in der Presse für Fehlverhalten kritisiert und Influencer*innen führen untereinander Kleinkriege. Wenn Du problematischen Accounts folgst, musst Du davon ausgehen, dass Du dafür kritisiert wirst. Folge daher niemandem aus Prinzip, sondern immer, weil Du die dahinterstehenden Personen kennst oder ihre Werte teilst.

Was Du nicht tun solltest, ist, Dich als One-Man-Show oder One-Woman-Show zu sehen. TikTok lebt von Interaktionen. Du kannst von anderen Usern lernen und gemeinsame Projekte mit ihnen realisieren. Das erhöht Deine Aufmerksamkeit auf TikTok, fördert Kreativität und kann Dir vielleicht durch das sogenannte Vitamin B sogar Einnahmen bringen. Selbst wenn Du gerade erst auf TikTok startest, kannst Du schon wertvolle Kontakte haben – über andere Plattformen oder sogar aus dem „echten" Leben. Vielleicht arbeitet jemand mit einem TikTok Account in Deiner Firma oder Du hast schon einen recht erfolgreichen Instagram Account. All diese Ressourcen solltest Du mobilisieren.

Netzwerken gehört zum Marketing dazu wie die Butter zur Stulle. Warum sollte das online anders sein? Natürlich musst Du auch aktiv auf andere Nutzer*innen zugehen, Kommentare beantworten, nach Verbesserungsvorschlägen fragen und etwas bieten können, denn manch ein Neuling in der TikTok Welt erwartet, dass ihm oder ihr alle helfen, ohne Gegenleistung. Wenn Du mit einem anderen Account zusammenarbeiten möchtest, musst Du auch entsprechend die Werbetrommel rühren oder Tipps geben. Wie gesagt: TikTok lebt von der kreativen Zusammenarbeit.

Manchmal kann das etwas langwierig wirken, immer wieder auf anderen Profilen zu kommentieren und Anfragen zu schreiben. Doch es wird sich auszahlen und Du lernst nebenbei die App und die neuesten Trends kennen. Es ist außerdem genug für alle da.

Nur weil jemand aus Deiner Nische gerade erfolgreicher ist als Du, heißt das nicht, dass Du Deine Ziele nicht erreichen könntest. TikTok wächst und die Nutzer*innen sind immer bereit für mehr.

Lege Dir also in Deinem Business Plan für TikTok etwas Zeit für das Netzwerken beiseite. Nur Videos hochladen reicht nicht, du musst schon Teil des Universums sein. Wie viel Zeit Du mit dem Kommentieren und Anschreiben verbringst, hängt von Deinen konkreten Zielen ab. Möchtest

Du langfristig und organisch Reichweite aufbauen, dann reicht vielleicht eine Stunde pro Woche. Soll es schneller gehen, dann musst Du eher fünf bis sechs Stunden pro Woche mit Recherche und Kontaktsuche verbringen.

5. Challenges sind Deine Chance auf Reichweite

Challenges sind für TikTok praktisch das, was Eigenproduktionen für Netflix sind – eine Möglichkeit, durch Einzigartigkeit das Profil zu schärfen, denn es gab schon immer Videotrends auf Instagram oder YouTube. Doch TikTok hat aus den Challenges (deutsch: Herausforderungen) eine Kernidee der Plattform gemacht. Durch einen Hashtag wird ein bestimmtes Videoformat „vorgeschlagen", das dann von allen nachgemacht werden kann, die Teil der Challenge sein wollen.

Hier mal ein paar Beispiele für frühere Challenges:

- Wipe it Down Challenge: Jemand filmt sich selbst im Spiegel und wischt diesen dabei mehrfach mit einem Handtuch ab. Nach einigen Sekunden wird das Originalspiegelbild durch eine neues, verändertes ersetzt. Zum Beispiel wird aus dem Schlafanzug eine Uniform oder aus einem Gesicht ohne Make Up wird eines, das perfekt gestylt ist.
- Walk in Challenge: Hauptsächlich Frauen (aber auch einige Männer) filmen, wie sie einen Raum betreten, in dem ihr Partner arbeitet oder ein Computerspiel spielt. Dabei sind sie völlig nackt und der Sinn der Challenge ist es, die Reaktion des Partners einzufangen.

- Level Up Challenge: Tieren (meist Hunden oder Katzen) werden Hindernisse in den Weg gelegt, zum Beispiel eine Wand aus Toilettenpapier. Sie müssen dann hinüberspringen. Anschließend wird das Hindernis vergrößert und vergrößert bis die Tiere aufgeben oder es nicht mehr größer werden kann.
- Blinding Lights Challenge: Eine Gruppe von Menschen denkt sich eine Choreografie zum Song Blinding Lights von The Weeknd aus oder kopiert die Choreografie aus einem anderen Video.

Gerade für Tanz-Challenges ist TikTok bekannt. Menschen allen Alters denken sich kleine Sketche und Choreografien zu aktuellen oder auch älteren Songs aus. Dabei kann der Song entweder das Huhn oder das Ei sein – manche Songs sind beliebt und werden von TikTok Usern aufgegriffen und manche Songs werden von TikTok aufgegriffen und werden anschließend erfolgreich.

Warum sind Challenges für Dich so wichtig? Weil sie Dir Reichweite bringen können. Wenn ein Hashtag zu einer Challenge gerade besonders beliebt ist, fördert TikTok dieses Videos. Jemand, der bereits ein Video zur Challenge mochte, bekommt auf seiner For You Page also höchstwahrscheinlich noch mehr angezeigt oder sucht sogar selbstständig nach dem Hashtag. Wenn Du früh auf eine Challenge aufspringst oder besonders kreativ mit ihr umgehst, dann kannst Du selbst mit einer Handvoll Follower viral gehen.

Mit der Zeit werden Deine Follower auch darauf hoffen, dass Du an bestimmten Challenges teilnimmst. Sie schicken Dir Vorschläge oder fordern sogar ein, dass Du dabei bist. Das erhöht erneut die Interaktionen und Follower fühlen sich gehört, wenn Du auf ihre Ideen eingehst. Das kann sogar noch einen Schritt weitergehen, indem Du eigene Challenges ins Leben rufst.

Dafür solltest Du am besten schon eine Weile dabei sein und einige treue Follower haben. Wenn komplette Neulinge Challenges beginnen, dann machen meist nicht genug Menschen mit, um einen Trend zu starten. Wichtig ist, dass Du einen einzigartigen und wiedererkennbaren Hashtag dazu kreierst und dass die Regeln der Challenge leicht zu verstehen sind. Eine Tanzchallenge ist nicht super kreativ, aber für alle schnell zu kopieren. Eine Challenge, bei der jeder spontan seinen Job kündigen und auf die Balearen fliegen soll, ist dafür vielleicht kreativ und besonders, aber nicht gut umsetzbar.

Für Dein individuelles Marketing Konzept ergeben sich natürlich verschiedene Möglichkeiten. Als Einzelperson kannst Du viele Challenges mitmachen, da sie Dich als Person darstellen. Unternehmen müssen hingegen aufpassen, dass Challenges auch zum Image passen und von den Führungspersönlichkeiten genehmigt wurden – falls Du in Deinem Unternehmen nicht alleine entscheidest, ist hier Rücksprache sinnvoll. Sich Challenges zu verwehren, ist aber auch nicht gut. Sie sind oftmals sehr schnell zu drehen und beinhalten immer die Chance, viral zu gehen (dazu mehr unter Punkt 8).

6. Kooperationen für Influencer*innen

Dieser Tipp richtet sich speziell an angehende Influencer*innen. Das heißt jedoch nicht, dass er für Unternehmen nicht interessant wäre – wenn Du Verständnis für die Arbeitsweise und Bedürfnisse von Kooperationspartner*innen hast, wirst Du auch erfolgreich mit ihnen in Kommunikation treten können, ohne in Fettnäpfchen zu treten.

Influencer*innen können zwei Arten von Kooperationen eingehen: bezahlte und unbezahlte. Unbezahlte Kooperationen haben einen Win-win-Aspekt. Das heißt, es wird weder Geld gezahlt noch Ware vergeben, dafür wird aber mit Reichweite „vergütet". Du kannst Dich also mit anderen TikTok Usern zusammentun und dadurch Vorteile schaffen.

Wie das aussieht, handelt Ihr gemeinsam aus. So kannst Du ein TikTok Video in Deiner Instagram Story teilen (wenn Du den Namen des Accounts noch erwähnst, spricht man hier von einem Shoutout) oder auf ein TikTok Video von anderen Influencer*innen mit einem eigenen Video reagieren. Auch Kommentare sind in gewisser Weise eine Hilfe für andere Influencer*innen. Richtig spannend wird es, wenn Ihr eine gemeinsame Videoidee oder Challenge umsetzt. Wie Du im vorherigen Tipp erfahren hast, kann es in der Anfangsphase schwierig sein, eine Challenge zu starten, die viel Aufmerksamkeit bekommt. Tun sich jedoch viele neue TikTok Nutzer*innen zusammen und nutzen denselben Stil und denselben Hashtag, dann stehen die Chancen für Reichweite besser.

Eine weitere unbezahlte „Kooperation" ergibt sich, wenn Du mit Deinem Account einen guten Zweck unterstützt. Hilfsorganisationen sind beispielsweise oftmals auf kostenlose Werbung ihrer Anhänger*innen angewiesen, um Aufmerksamkeit zu bekommen. Interessierst Du Dich zum Beispiel für Umweltschutz in Deiner Region, kann eine Umweltorganisation Dich für ein Interview einladen. Oder Du hast einen Hund aus einem Tierheim adoptiert und markierst das Tierheim in einem Video – oftmals teilen Organisationen und gemeinnützigen Vereine gerne die Videos und Fotos, die sie erwähnen. Somit machst Du Werbung für einen guten Zweck und hast noch die Chance, dass Du ebenfalls ein Shoutout erhältst.

Bezahlte Kooperationen sind das Ziel vieler angehender Influencer*innen. Da Du durch TikTok keine direkten Einnahmen generieren kannst, musst Du andere Wege finden. Diese werden unter Punkt 9 nochmal ganz genau erklärt, doch hier schon mal ein Einblick: Bei bezahlten Kooperationen erhältst Du für die Erwähnung eines Produkts, einer Dienstleistung oder einer Marke eine Entschädigung. Entweder indem Du ein Produkt oder eine Dienstleistung „kostenlos“ erhältst oder mit einem tatsächlichen finanziellen Ausgleich.

Es gibt drei wichtige Wege, wie Kooperationen zustande kommen: Eigeninitiative, Anfrage und Vermittlung. Zeigst Du Initiative, heißt das, dass Du Unternehmen kontaktierst und anfragst, ob sie Dir Produkte zusenden könnten oder ob sie zu einem Festpreis eine Erwähnung buchen wollen. Betreibt eine Firma Influencer*innen Marketing, kann es sein, dass Du vom Unternehmen kontaktiert wirst. Mittlerweile ist es Gang und Gäbe, dass viele Influencer*innen sogar durch eine Vermittlerfirma (Netzwerke, Marketingagenturen) vertreten werden, die den Kontakt zwischen Influencer*innen und Unternehmen herstellt.

Möchtest Du mit TikTok als Influencer*in erfolgreich sein, dann solltest Du frühzeitig Branding betreiben. Es braucht gar nicht 100 Millionen Follower, um bezahlte Kooperationen zu erhalten, schon wenige tausend Follower sind etwas wert, wenn Du eine sehr spezifische Zielgruppe ansprichst. Sportwarenhändler*innen um die Ecke haben nichts davon, mit Weltfußballer*innen eine Kooperation zu buchen, würden sich aber freuen, wenn Du einen Fitness Account hast, der sich speziell an Menschen aus Deiner Region richtet.

Im Marketing spricht man dabei von einer Nische. Statt so viele Menschen wie möglich generell anzusprechen, suchst Du Dir ein bis zwei Themen, die der Fokus Deines Profils sein sollten. Hier ein paar Beispiele:

- Fußball + Norddeutschland
- Diäten + Ü60 Lifestyle
- Beauty + Plus Size
- Fitness + Gaming
- Fashion + Nachhaltigkeit

Je näher Du eine Nische definierst, umso kleiner wird Deine Zielgruppe. Das bedeutet aber auch, dass Du Menschen gezielter ansprichst. Es gibt Millionen von Diät Accounts mit Ernährungstipps, aber deutlich weniger, die sich speziell an Menschen Ü60 richten. Logischerweise muss Dein Content dann aber auch für Menschen Ü60 spezifiziert werden. Fitness und Gaming sind zwei eigene Kategorien, die eigentlich nicht zusammenzupassen scheinen, aber vielleicht entwickelst Du Sportprogramme speziell für Gamer und ihre typischen Rückenprobleme.

Um für Werbepartner*innen interessant zu sein, musst Du also die richtige Nische wählen. Zusätzlich solltest Du Dein Image sauber halten. Nur sehr wenige Unternehmen wollen mit jemandem werben, der „problematisch" ist, also zum Beispiel flucht oder in Videos Gewalt darstellt. Obwohl TikTok noch jung ist und Kooperationen erst in

Fahrt kommen, solltest Du auch hier schon ein bisschen Professionalität zeigen und nicht über die E-Mail-Adresse hasimausi2225@web.de kommunizieren oder Deadlines verstreichen lassen.

Hast Du ein paar Kooperationen (bezahlt oder unbezahlt) gemacht, wirst Du Selbstbewusstsein gewinnen und Dein Image aufpolieren. Hier setzt meist ein Domino-Effekt ein: Hast Du erst einmal bewiesen, dass Du Werbung machen kannst und Deine Followerzahl wächst, werden neue Unternehmen auf Dich aufmerksam. Gleichzeitig teilen viele Unternehmen die Sponsorings, für die sie bezahlt haben, und Du erhältst zusätzliche Reichweite. Kooperationen sind ein Muss für Influencer*innen auf TikTok!

7. Kooperationen für Unternehmen

Wie beim vorherigen Tipp gilt: Auch wenn Du kein eigenes Unternehmen hast, sondern Dein Glück als Influencer*in versuchst, solltest Du diesen Tipp lesen. So kannst Du sehen, welche Vorteile Unternehmen davon haben, mit Dir zusammenzuarbeiten, und wie sich ein seriöses Unternehmen an Dich wenden wird.

Bist Du auf TikTok, um Deinem Unternehmen mehr Reichweite und Aufmerksamkeit zu verschaffen, solltest Du bedenken, wer auf dieser Plattform das Sagen hat. Die jüngeren Jahrgänge sind nun mal treibende Kraft auf TikTok und daher herrscht nicht gerade eine „Business Atmosphäre". Somit kannst Du möglicherweise etwas deplatziert wirken, wenn Du auf Influencer*innen zugehen möchtest und dabei stets siezt, Formulare mitschickst oder von „Ihr und wir" sprichst. Nahbarkeit ist wichtig. Erstkontakt kann daher ruhig über eine Direktnachricht hergestellt werden, indem Du Dich als Ansprechpartner*in kurz vorstellst.

Doch Moment, warum solltest Du überhaupt mit TikTok Influencer*innen zusammenarbeiten? Das ergibt vor allem dann Sinn, wenn Du neue Zielgruppen erschließen möchtest. Die Macht der Influencer*innen liegt darin, dass sie viele Menschen im jungen Alter erreichen und zum Kauf bewegen können. Somit haben Influencer*innen oftmals eine viel bessere Conversion Rate als ein Unternehmensprofil. Wenn Influencer*innen ein Produkt oder einen Service empfehlen, werden Follower zum Kauf angeregt und oftmals wird dabei gar nicht das Gefühl von „Geld ausgeben“ kreiert, sondern von „Ich kann dasselbe haben wie mein/e Lieblingsinfluencer*in“.

Um Influencer*innen für eine Kooperation zu gewinnen, kannst Du den Kontakt selbst herstellen oder eine Agentur wählen. Manchmal haben Influencer*innen auch eine Website, auf der sie selbst schon angeben, bei welcher Agentur sie unter Vertrag stehen. Da Dir die Arbeit dort in Teilen abgenommen wird, soll der Fokus jetzt aber darauf liegen, was Du tun kannst, wenn Du die Kooperation selbst organisierst.

Zunächst musst Du passende Influencer*innen finden. Dafür musst Du, wie unter Tipp 3 schon erklärt, TikTok auch tatsächlich nutzen. Nur so findest Du die Personen, die in Deiner Branche eine Reichweite besitzen. Regionale Influencer*innen können sinnvoll sein, wenn Dein Unternehmen nur an einem Ort Produkte verkauft. Es kann auch sinnvoll sein, mehrere kleine Influencer*innen anzuschreiben, statt den großen Namen hinterherzujagen. Influencer*innen mit Millionen von Followern bekommen täglich etliche Anfragen für Kooperationen. Du wirst viel Zeit und Geld investieren müssen, um sie zu buchen.

Kleinere und mittlere Influencer*innen freuen sich dagegen noch sehr über Anfragen. Hast Du Dir also das Ziel gesetzt, Dein Produkt vor 1 Millionen TikTok User zu bringen, kann es praktischer sein, vier Influencer*innen mit Views per Video um die 250.000 zu engagieren. Wichtig ist, dass Du Deine Hausaufgaben machst – suche auch nach anderen Profilen der Influencer*innen, die für Dich in Frage kommen. Baut jemand nämlich gar nicht auf TikTok, hat aber 5 Millionen Instagram Follower, wird eine Kooperation auch entsprechend Geld kosten.

Folgende Dinge musst Du beachten, wenn Du eine Kooperation startest: Passt der/die Influencer*in wirklich zu Deiner Marke? Hat der/ Influencer*in bereits Marketingkampagnen mit anderen Unternehmen gemacht? Welche Konditionen willst Du festlegen?

Die erste Frage sollte selbstverständlich sein – verkaufst Du Ratgeberkurse für den Aktienmarkt, sollte die gewählten Influencer*innen kein Image als unverantwortliche Extremsportler*in haben. Möchtest Du Deine Biermarke unter Student*innen beliebt machen, dann wähle keine/n steifen Wissenschafts-TikTok-Influencer*in für Deine Kampagne. Achtung: Ausnahmen gibt es natürlich immer. Manchmal kann es gerade clever sein, ein Produkt und eine/n Influencer*in zusammenzubringen, die Kontraste erzeugen. Aber das ist dann experimentell und hier wird Dir erst einmal gezeigt, wie es sicher funktioniert. Notiere Dir daher immer die Namen von Influencer*innen, die zu Deinem Unternehmen passen, wenn Du TikTok nutzt – so ist das Videogucken gleich noch Recherche!

Hast Du eine/n oder mehrere Influencer*innen gefunden, solltest Du die Modalitäten festlegen. Dafür ist relevant, ob der/die Influencer*in bereits Kampagnenerfahrung hat. Ist das der Fall, kannst Du theoretisch Brainstorming ansetzen – statt steif vorzugeben, wie das Video aussehen soll, darf der/die Influencer*in Vorschläge machen. Hast Du schon eine genaue Idee – oder der/die Influencer*in noch nicht so viel Erfahrung – solltest Du das klar kommunizieren und auch vertraglich festhalten. So kann die Kooperation aus einem Video mit Produktvorstellung, einer Instagram Erwähnung und einem Link in der Bio für 24 Stunden bestehen. Im Gegenzug gibt es das Produkt gratis plus 100 Euro. Bei weniger bekannten Influencer*innen kannst Du sogar nur ein Produkt oder eine Dienstleistung anbieten. Bleibe aber immer fair und versuche nicht, die Person am anderen Ende der Kooperation auszunutzen – auch das wirft ein schlechtes Licht auf Dein Unternehmen.

Ganz wichtig ist, egal mit wem oder wie Du eine Kooperation startest, verwende einen eigenen Hashtag, sonst geht Dir wertvolle Reichweite verloren. Denn wenn sich jemand für das Video begeistert, kann der TikTok Algorithmus gleich noch eines vorschlagen, dass denselben Hashtag verwendet – hat also Deine Werbekooperation den gleichen Hashtag wie die Videos auf Deinem Profil, dann bist „Du" leichter zu finden.

8. Viral gehen: Ist das planbar?

Der heilige Graal der Social Media Welt: going viral. Also: viral gehen. Mit anderen Worten: Eine Ansteckungsrate wie ein Virus haben. Dabei verbreitet sich Content so exponentiell, dass er vor deutlich mehr Nutzer*innen erscheint, als das durchschnittlich der Fall ist. Während der Standarderfolg eines Social Media Profils halbwegs planbar ist – für TikTok erfährst Du ja seit etlichen Kapiteln, wie das geht – ist „das Viralgehen" noch immer nicht perfekt vorherzusehen.

Einen viralen Erfolg zu haben, ist die Ausnahme. Selbst den ganz großen Namen von YouTube, Instagram und TikTok passiert das nicht jeden Tag, jede Woche oder jeden Monat. Aber, aber, aber: Du kannst die Umstände schaffen, um Viralität zu fördern.

Doch warum eigentlich? Ist es überhaupt sinnvoll, auf ein virales Video zu spekulieren? Ja, absolut. Zum einen fördern die Maßnahmen, die Dir gleich vorgestellt werden, ohnehin den Erfolg eines Videos. Zum anderen solltest Du Dir im Klaren sein, dass ein virales Video den Unterschied zwischen einem erfolgreichen und einem sehr erfolgreichen TikTok Account ausmachen kann. Geht ein Video viral, wird es meist 10x, 20x oder sogar 100x mehr gesehen als alle anderen Videos, die Du bisher erstellt hast. Das bedeutet, dass sehr viel mehr Menschen Dich und Dein Profil kennenlernen. Außerdem wird TikTok im Anschluss auch Deine anderen Videos etwas mehr fördern – somit gewinnst Du Abspielzeit, Interaktionen und Follower. Das bringt Dir Vorteile, wenn Dein Video schon längst wieder aus den Trends verschwunden ist.

Was heißt viral konkret auf TikTok? Zum einen kann es bedeuten, dass ein Video von Dir so außergewöhnlich oder gut ist, dass es bei fast jedem User auf der For You Page erscheint. Das ist zwar äußerst selten, aber es kommt vor, wenn das Timing stimmt. Viral zu gehen, kann aber auch bedeuten, dass Du eine Challenge oder einen Trend gestartet hast, der von so vielen Menschen mitgemacht wird, dass Dich tausende TikToker*innen als Referenz nutzen und somit Dein Video schauen und teilen. Als Folge dessen kann Dein Video auch auf anderen Plattformen Reichweite gewinnen – auf YouTube, Facebook oder Instagram.

Es gibt einige virale Faktoren, die Du nicht beeinflussen kannst. So passiert es manchmal, dass Journalist*innen ein TikTok Video für einen Beitrag verwenden und es dadurch erst „bekannt" wird. Außerdem hast Du manchmal eine Videoidee, die durch ein besonderes Ereignis erst relevant wird – hast Du Masken schon vor COVID gebastelt oder hast Du eine unbekannte Hunderasse, die plötzlich alle haben wollen, dann bist Du einfach der Zeit voraus.

Zum Glück kannst Du aber auch etliche Faktoren beeinflussen. Und zwar sofort und in diesem Moment. Selbst wenn Du gerade erst einen Account angelegt hast, kannst Du Vieles bereits umsetzen. Als allererstes solltest Du anfangen, genug Content zu posten. Das hat zwei Gründe: Erstens kann TikTok durch gesammelte Daten dann besser einschätzen, worum es in Deinen Videos geht. Zweitens geht Dir der Erfolg eines viralen Videos vielleicht verloren, wenn die Menschen nicht mehr von Dir finden, was sie liken, kommentieren und teilen können.

Was außerdem hilft: Regelmäßig zu posten. Du hast Dir bereits einen Content Plan gemacht und an den solltest Du Dich auch halten. TikTok fördert Nutzer*innen, die immer neue Inhalte liefern. Postest Du jede Woche zur selben Zeit, ist das also ein Signal, dass Du immer wieder zurückkehrst und immer wieder Content lieferst. Gleichzeitig bist Du für Deine Follower berechenbarer und sie schauen extra deinetwegen auf TikTok vorbei, weil sie wissen, es wird ein neues Video geben. Zur Regelmäßigkeit gehört auch, dass Du selbst Videos schaust, kommentierst und einfach aktiv bist.

Einen weiteren Punkt hast Du, wenn Du aufmerksam mitgemacht hast, schon abgehakt: Richte Dein Profil so ein, dass es alle wichtigen Informationen enthält. Du willst möglichst leicht zu finden und zu erkennen sein. Also verwende entsprechende Hashtags und Videobeschreibungen, die etwas über Dich als Marke aussagen und auch das Video gut beschreiben. Unter ein Video „Heute mal mit Filter" zu schreiben, sagt fast nichts aus. Besser: „Gartenarbeit mit bestem Wetter. Schaut Euch meine neuesten Tipps rund um Unkrautbeseitigung an. Schreibt in die Kommentare, wie Ihr mit lästigem Wildwuchs umgeht. #gartenarbeit #natur #tipps." Jeder weiß dann, was er bekommt, inklusive des TikTok Algorithmus.

Welche Hashtags zu Deiner Nische passen, findest Du heraus, indem Du anderen Nutzer*innen mit ähnlichem Content folgst. Was außerdem beim vorherigen Beispiel wichtig war: Ein Aufruf zum Interagieren (auch genannt: Call to action). Stellst Du Fragen, erhältst Du in den Kommentaren Antworten. Mach Dir die Mühe, auf die Kommentare zu antworten und Deine Follower werden angeregt sein, unter jedes Video etwas zu schreiben.

Last but not least: Sei Dir der minimalen Aufmerksamkeitsspanne von TikTok Usern bewusst. Du hast keine Minute, um jemanden davon zu überzeugen, Dein Video zu gucken. Du hast nur wenige Sekunden, denn Du stehst in Konkurrenz mit Millionen anderer Nutzer*innen, die auch gerade versuchen, auf TikTok erfolgreich zu sein. Also brauchst Du etwas, was Aufmerksamkeit erregt. In den ersten 2-3 Sekunden Deines Videos sollte schon etwas passieren. Eine Aussage, eine Bewegung, ein verwirrendes Bild – wichtig ist, dass jemand nicht vorbeiscrollen kann, weil es schon losgeht. Außerdem solltest Du in der Beschreibung oder am Ende des Videos einen „Call to action" einbauen. Du kündigst ein anderes Video an (z.B. Teil 2 des Videos), stellst eine Frage oder weist darauf hin, wo die Betrachter*innen das Produkt im Video finden können. Du kannst das auch etwas passiver machen: Verstecke im Hintergrund des Videos eine Botschaft, die zwar deutlich zu erkennen ist, aber nicht erklärt wird. Zum Beispiel würden Menschen mehr wissen wollen, wenn Du Deine Videos in einem dunklen Raum drehst, in dem alles schwarz gestaltet ist, im Hintergrund aber ein pinkes Plüschkaninchen sitzt. Das fördert Kommentare, Du erhältst mehr Interaktionen.

Okay, okay, Du setzt all diese Dinge also ab sofort um. Gehst Du jetzt viral? Das wird sich zeigen. Wie gesagt, Erfolg ist nicht planbar. Doch all diese Maßnahmen helfen Dir grundsätzlich mit dem TikTok Algorithmus. Früher oder später kann es passieren, dass eines Deiner Videos doch besonders lange geschaut wird, super viele Kommentare hat oder von anderen Nutzer*innen oder sogar in der Presse aufgegriffen wird. Optimiere ab sofort all Deine Videos auf Viralität und Du wirst Erfolg haben.

9. Mit TikTok Geld verdienen

Ob und wie Du TikTok für Marketing verwendest, ist Deine Entscheidung. Doch dieser Ratgeber kann Dich nicht in die Welt des Online Marketings entlassen, ohne Dir noch mal ganz genau zu erklären, welches finanzielle Potential in TikTok steckt. Daher erfährst Du jetzt alles über die direkten und indirekten Wege, mit TikTok Geld zu verdienen.

Als indirekte Einnahmequelle gilt alles, was Dir oder Deinem Unternehmen Aufmerksamkeit bringt, ohne dass daraus direkt eine Transaktion wird. So ist ein erfolgreicher TikTok Account für Models, Sportler*innen oder Schauspieler*innen Teil des Portfolios. Es gibt die Chance auf Aufträge oder höhere Gagen und Gehälter. Das passiert schon jetzt sehr konkret: Im Profi-Fußball wird der Social Media Wert von jungen Spieler*innen mittlerweile in die Berechnung von Ablösesummen und Gehältern mit einberechnet. Ob die Follower dann aber tatsächlich Einfluss auf die Höhe des Gehalts haben, ist nicht planbar. Genauso wissen Schauspieler*innen nicht, ob sie durch TikTok die Chance haben, von Casting Agent*innen entdeckt zu werden. Doch mehr Reichweite auf TikTok kann letztlich Einfluss auf das Berufsleben haben.

Halb-indirekt kannst Du mit TikTok Geld verdienen, indem Du eine Website hast, auf der Du Werbung schaltest. Gibst Du zum Beispiel Fitness Tipps auf Deinem TikTok Account, sie werden aber auf Deinem Blog noch mal ausführlich erklärt, dann besuchen viele Menschen aufgrund Deines TikTok Kanals Deinen Blog und sehen dort Werbung. Je mehr Personen die Werbung sehen und Anklicken, umso höher können die Einnahmen sein.

Gleiches gilt natürlich, wenn Du Werbung für Dein Unternehmen oder Deine Produkte machst. Die Messbarkeit des Wertes Deines TikTok Accounts ist begrenzt. So hast Du bereits alles über CTR und Conversions gehört – hierbei siehst Du sofort, wer durch TikTok Besucher*in oder Kund*in wird. Doch so wie bei traditioneller Fernseh- oder Radiowerbung kannst Du nie genau wissen, wie viele Menschen Dich oder Deine Marke kennen, weil sie Dich über TikTok gefunden haben. Hast Du also eigene Produkte oder bietest Dienstleistungen an, dann verdienst Du mit der Reichweite auf TikTok durchaus Geld. Pro-Tipp: Hast Du einen Blog oder einen Online Shop, kannst Du dort Besucher*innen fragen, woher sie Dich kennen. So erhältst Du zusätzliche Einblicke darin, ob TikTok Dich weiterbringt.

Kommen wir zu den konkreten Verdienstmöglichkeiten: Kooperationen, Shoutouts und Affiliate Marketing. Diese drei Kategorien sind direkt an

Dein TikTok Profil geknüpft. Während Du Produkte oder Dienstleistungen theoretisch ohne Social Media verkaufen kannst, wird das hier nicht möglich sein.

Kooperationen:

- Über Kooperationen hast Du unter Tipp 6 und 7 schon vieles gehört. Hast Du eine große Reichweite für eine bestimmte Zielgruppe, können Unternehmen diese Reichweite nutzen, um Werbung zu machen. Du wirst finanziell oder mit Sachwerten entlohnt und je besser Du Dich präsentieren kannst, umso höher stehen die Chancen, dass Du Geld verdienst. Außerdem steigen Deine Einnahmen, wenn Du Deine Reichweite mit den hier im Ratgeber beschriebenen Tipps erhöhst.

Shoutouts:

- Hierbei handelt es sich praktisch um eine Mini-Kooperation. Andere TikTok Nutzer*innen (privat oder gewerblich) kaufen sich eine Erwähnung in Deinem Video. Du machst also keine Werbung für ein konkretes Produkt, Du erwähnst lediglich die Firma oder den/die angehende/n Influencer*in im Video oder in der Beschreibung. Diese Shoutouts werden oftmals über Websites wie Fiverr (eine Plattform zur Vermittlung von Dienstleistungen) vermittelt oder per Direktnachricht eingefädelt. Sie sind weniger lukrativ und seriös als offizielle

Kooperationen, doch gerade am Anfang können sie zu Einnahmen führen, die die Zeit überbrücken, bis größere Unternehmen Anfragen stellen.

Affiliate Links:

- Wer heutzutage online Geld verdienen möchte, muss Affiliate Marketing unter die Lupe nehmen. Über einen personalisierten Link (oder Code) erhältst Du dabei eine Provision für die Vermittlung eines Kaufs (siehe Kapitel 2). Der Clou ist hierbei, dass Du auch mit wenig Followern viel Geld verdienen kannst, wenn Du ein gutes Affiliate Programm mit einer hohen Provision gefunden hast. Vermittelst Du „nur" Bücher, die oftmals 10 bis 80 Cent Provision bringen, müsstest Du tausende Käufe in Gang bringen, um überhaupt etwas Geld zu machen. Bewirbst Du allerdings Online Kurse für 50-100 Euro, dann verdienst Du auch mal bis zu 10-15 Euro pro Vermittlung.
- Um mit Affiliate Marketing erfolgreich zu sein, musst Du ein paar passende Programme finden, Deinen Content entsprechend darauf ausrichten und vor allem: Vertrauen schaffen. Bewirbst Du irgendwelches nutzloses Zeug oder Produkte, die regelmäßig kaputtgehen, dann verlieren Follower das Vertrauen in Dich und kaufen beim nächsten Mal nichts mehr über Deinen Affiliate Link. Bist Du aber nahbar,

kennst die Produkte und Firmen vielleicht sogar selbst, dann wollen Follower die gleichen Vorteile genießen wie Du und unterstützen Dich gerne. Je näher die Bindung zu Deinen Followern ist, umso höher stehen die Chancen, dass sie Dich bewusst unterstützen wollen. Sonst kann es passieren, dass sie sehen, was Du bewirbst, sie kaufen es aber nicht über Deinen Link und somit verdienst Du kein Geld.

Spenden:

- Hierbei geht es ebenfalls um Vertrauen. Da viele Content Creator viel Zeit und Energie in ihre Projekte stecken, ohne dabei ernsthaft Geld zu verdienen, ermöglichen sie es ihren Followern, kleine Beträge zu spenden. Zum Beispiel über Patreon können Fans und Freunde monatlich einen Betrag spenden und erhalten dadurch Einblicke hinter die Kulissen oder exklusiven Zugang zu Videos. Hast Du treue Follower, dann werden sie Dich unterstützen wollen.

Schlusswort und Checkliste

Willkommen in der Welt von TikTok. Mit der Lektüre dieses Ratgebers solltest Du verstanden haben, warum so viele Marketing Expert*innen im Moment versuchen, das Geheimnis der Plattform zu entschlüsseln. Junge, kreative Menschen sind hier zu finden und sie alle wollen mehr, mehr, mehr. TikTok ist die App, für die am meisten Wachstum zu verzeichnen und zu erwarten ist.

Du weißt nun auch, dass es gar nicht das eine große Geheimnis gibt. Viele Menschen gehen mit Vorsicht an TikTok heran, weil die Nutzer*innen so jung sind und die App so schnell im Wandel ist. Doch bestimmte Grundprinzipien der Online Welt und des Online Marketings greifen auch hier – Reichweite muss erarbeitet werden, Trends kommen und gehen, Aktualität ist unglaublich wichtig und Suchmaschinenoptimierung (SEO) darf nicht vernachlässigt werden. Das Schöne an TikTok ist jedoch, dass das Experimentieren nicht nur erlaubt ist, sondern sogar gefördert wird. Du musst kein Marketing Team oder jahrelange Erfahrung haben, um mitzumachen – Du kannst sofort loslegen und praktisch nebenbei (und mit ein bisschen Wissensvorsprung durch die hier gegebenen Tipps) lernen, verbessern und Erfolg erarbeiten.

Zur Unterstützung erhältst Du jetzt noch eine kleine Checkliste. Du musst nicht jeden Punkt sofort abarbeiten. Jedoch solltest Du mit der Zeit lernen, regelmäßig durch die Checkliste zu gehen und zu überprüfen, ob Du noch alle Kriterien erfüllst. Das wird Dich von all denjenigen unterscheiden, die TikTok nur irgendwie nebenbei nutzen und damit das enorme Marketing Potential aus den Augen verlieren. Starte noch heute Dein Projekt und hake die Punkte ab, dann steht Deinem Erfolg nichts mehr im Wege!

Checkliste

Schritt	Erklärung	Erledigt?	Notizen
Deutlich erkennbares Profilbild/Profilvideo	Gesicht/Logo zu erkennen gleiches Bild auf allen Plattformen		
Biografie ausgefüllt	Schlüsselwörter einbauen Link zur Website Themen u. Interessen auflisten		
Content Plan für die kommenden 4 Wochen erstellt	vorbereitet sein erfolgreiche Videos reproduzieren neue Videoideen umsetzen		
Videobeschreibungen optimiert	Schlüsselwörter einbauen Call-to-action, Fragen einbauen		
Kommentare unter eigenen Videos beantwortet	Für Kommentare danken Fragen beantworten Eigene Fragen stellen		
Kommentare auf Profilen hinterlassen	Freunde, Kollegen, ähnlichen Accounts finden Kommentare schreiben oder Direktnachrichten		
Challenges mitgemacht	Challenge aus den Trends mitmachen		
Challenge gestartet	eigenen Hashtag, eigene Challenge		
TikTok Analytics genutzt	Selbstgewählte Zielgruppe erreicht? Mögliche neue Zielgruppe erschließen?		
Werbung für TikTok Account	Homepage andere Social Media Seiten		

Impressum

Angaben gemäß §5 TMG

Till D. Clay wird repräsentiert durch:

Jan-Michael Manthée
Zur Zuckerfabrik 9
D-61169 Friedberg (Hessen)

Kontakt

Mail: jan.manthee@gmail.com

Steuernummer

016 844 33682

Haftung für Inhalte

Alle Texte, Informationen und Hinweise stellen keine Beratung oder Empfehlung dar. Sie wurden aus bestem Wissen und Gewissen aus öffentlichen Quellen übernommen. Der Inhalt dieses Buches dient der Bildung und Veranschaulichung. Eine Haftung für Richtigkeit und Vollständigkeit kann nicht übernommen werden. Solltest Du den Informationen folgen, handelst Du eigenverantwortlich.

Als Diensteanbieter sind wir gemäß § 7 Abs. 1 TMG für eigene Inhalte in diesem Buch nach den allgemeinen Gesetzen verantwortlich. Nach §§ 8 bis 10 TMG sind wir als Diensteanbieter jedoch nicht verpflichtet, übermittelte oder gespeicherte fremde Informationen zu überwachen oder nach Umständen zu forschen, die auf eine rechtswidrige Tätigkeit hinweisen.

Verpflichtungen zur Entfernung oder Sperrung der Nutzung von Informationen nach den allgemeinen Gesetzen bleiben hiervon unberührt. Eine diesbezügliche Haftung ist jedoch erst ab dem Zeitpunkt der Kenntnis einer konkreten Rechtsverletzung möglich. Bei Bekanntwerden von entsprechenden Rechtsverletzungen werden wir diese Inhalte umgehend entfernen.

Haftung für Links

Unser Angebot enthält Links zu externen Webseiten Dritter, auf deren Inhalt wir keinen Einfluss haben.

Deshalb können wir für diese fremden Inhalte auch keine Gewähr übernehmen. Für die Inhalte der verlinkten Seiten ist stets der jeweilige Anbieter oder Betreiber der Seite verantwortlich. Die verlinkten Seiten wurden zum Zeitpunkt der Verlinkung auf mögliche Rechtsverstöße überprüft. Rechtswidrige Inhalte waren zum Zeitpunkt der Verlinkung nicht erkennbar.

Eine permanente inhaltliche Kontrolle der verlinkten Seiten ist jedoch ohne konkrete Anhaltspunkte einer Rechtsverletzung nicht zumutbar. Bei Bekanntwerden von Rechtsverletzungen werden wir derartige Links umgehend entfernen.

Urheberrecht

Cover

Fiverr / Erdikara

Printed by Amazon Italia Logistica S.r.l.
Torrazza Piemonte (TO), Italy

57087967R00063